UNIVERSIDADE FEDERAL DO RIO GRANDE DO SUL

INSTITUTO DE INFORMÁTICA

PROGRAMA DE PÓS-GRADUAÇÃO EM COMPUTAÇÃO

FÁBIO DOS SANTOS PETRILLO

Práticas Ágeis no Processo de Desenvolvimento de Jogos Eletrônicos

Dissertação apresentada como requisito parcial para a obtenção do grau de Mestre em Ciência da Computação

Prof. Dr. Marcelo Soares Pimenta

Orientador

Porto Alegre, novembro de 2008

CIP - CATALOGAÇÃO NA PUBLICAÇÃO

Petrillo, Fábio dos Santos

Práticas Ágeis no Processo de Desenvolvimento de Jogos Eletrônicos /
por Fábio dos Santos Petrillo. - Porto Alegre: Programa de Pós-Graduação
em Computação da UFRGS, 2008.

168 p.:il.

Dissertação (mestrado) - Universidade Federal do Rio Grande do Sul.
Programa de Pós-Graduação em Computação, Porto Alegre, BR-RS, 2008.
Orientador: Marcelo Soares Pimenta.

1. Jogos eletrônicos. 2. Engenharia de Software. 3. Métodos Ágeis.
I. Pimenta, Marcelo Soares. II. Título

UNIVERSIDADE FEDERAL DO RIO GRANDE DO SUL
Reitor: Prof. Carlos Alexandre Netto
Vice-Reitor: Rui Vicente Oppermann
Pró-Reitoria de Pós-Graduação: Prof. Aldo Bolten Lucion
Diretor do Instituto de Informática: Prof. Flávio Rech Wagner
Coordenador do PGCC: Profa. Luciana Porcher Nedel
Bibliotecária-Chefe do Instituto de Informática: Beatriz Regina Bastos Haro

"Software is more like gardening - it is more organic than concrete."

Andrew Hunt e David Thomas

Dedico este trabalho às minhas irmãs Angélica e Solange, por me conduzirem aos caminhos do saber; à minha esposa Andréia por me acompanhar durante toda esta jornada; e especialmente à minha mãe Sônia, que na sua simplicidade, sempre confiou em mim.

Agradecimentos

O ato de agradecer é sempre uma experiência de reflexão sobre como os resultados alcançados são fruto da colaboração de muitas pessoas que nos orientam, corrigem o rumo que tomamos ou contribuem de inúmeras maneiras.

Inicialmente, gostaria de agradecer ao doutorando Carlos Dietrich pelas suas contribuições essenciais, fornecendo sua coleção de *postmortems* extraídos do Gamasutra. É sempre interessante lembrar que toda essa pesquisa se originou após seu memorável seminário sobre aspectos da engenharia de software no desenvolvimento de jogos eletrônicos, apresentado na disciplina de Engenharia de Software, na qual fomos colegas. Naquela ocasião, experimentei magníficos *insights* de como a indústria de jogos poderia se beneficiar com a percepção de que suas práticas talvez sejam mais acertadas que as adotadas pela indústria tradicional de software. Provavelmente, nem mesmo o próprio Carlos tenha se dado conta do impacto que, para ele uma despretensiosa apresentação, possa ter exercido sobre a vida de tantas pessoas; uma experiência vivenciada da Teoria do Caos, o efeito borboleta de Lorenz atuando em nossas vidas.

Durante o mestrado pude conviver com pessoas especiais, como meu colega e amigo Francisco Trindade. Nesse trabalho, Francisco foi decisivo com suas contribuições inteligentes e equilibradas, principalmente na seção que tratou de modelagem ágil. Acredito plenamente que todo o seu talento será reconhecido nos novos desafios do além-mar.

Não seria justo se deixasse de fora dos agradecimentos a contribuição da empresa na qual sou colaborador, a Companhia de Processamento de Dados do Município de Porto Alegre (PROCEMPA), que na figura do nosso diretor-presidente André Imar Kulczynski, deu o suporte financeiro e material, cedendo algumas horas de trabalho para que pudesse participar das disciplinas e atividades exigidas pelo PGCC. Acredito que todo esse investimento está sendo retribuído com o conhecimento aplicado no dia-a-dia da nossa organização.

Nos momentos finais deste trabalho, tive a oportunidade de assumir a Coordenação-Geral de Sistemas de Informação do Instituto Nacional de Estudos e Pesquisas Educacionais Anísio Teixeira (INEP), uma autarquia do Ministério da Educação, em Brasília. Esse novo desafio profissional, em um momento tão delicado, poderia, à primeira vista, ser encarado como um risco ao projeto do mestrado. Entretanto, com a sabedoria e a compreensão do diretor de

Tecnologia e Disseminação da Informação, Gerson Barrey, consegui conduzir esse trabalho, apesar dos grades desafios que o INEP nos apresentou. Por isso, meus mais profundos agradecimentos ao Barrey, que me deu a oportunidade de crescimento profissional, em uma experiência de vida única para mim.

Acredito que minhas pesquisas na área de jogos digitais e a oportunidade de trabalhar em Brasília abriram as portas para que me candidatasse como professor do curso de Jogos Digitais do Centro Universitário UDF. De forma acolhedora, o coordenador do curso, Prof. Rubens Laurini Sant'Anna, me aceitou como seu colaborador e, com sua visão aberta e empreendedora, concordou em patrocinar a criação do Laboratório de Jogos Digitais da UDF, colocando a nossa disposição toda a infra-estrutura necessária. Essa iniciativa permitiu que avaliássemos as práticas propostas, sem a qual o trabalho ficaria com uma lacuna formal irreparável. Assim, gostaria de agradecer pelo apoio incansável que o Prof. Rubens deu a este trabalho, acreditando que muitos frutos serão colhidos pelos estudantes da UDF.

Durante o período dos experimentos do Laboratório de Jogos Digitais, tive a oportunidade de conviver com os pioneiros do curso de Jogos Digitais da UDF. Esses estudantes investiram seus sábados à tarde para experimentar o desafio de construir jogos eletrônicos, sem terem qualquer conhecimento prévio de programação ou engenharia de software. Por isso, gostaria de agradecer imensamente aos estudantes que me ajudaram, em especial, as equipes Calango Games e Roots, na figura dos estudantes Marcos, Alan, Bruno e Felipe. Espero que vocês possam se desenvolver plenamente e realizem os mais ambiciosos sonhos que puderem imaginar na área de jogos digitais.

A tarefa de revisão sempre é difícil; mais difícil ainda quando deve ser feita pelo próprio autor. Assim, gostaria de agradecer à minha esposa Andréia, pelo trabalho de revisão final do texto. Com sua visão perspicaz, acostumada a corrigir textos e por ser leiga no assunto de engenharia de software, mostrou-se com o perfil ideal para criticar o texto, tornando-o mais claro em certas passagens que estavam um tanto obscuras.

Também seria injusto esquecer dos autores dos *postmortems*. De forma abnegada e, muitas vezes, até correndo o risco de serem criticados ou mal interpretados, esses profissionais dedicam algumas horas de suas vidas para compartilhar suas experiências com toda a comunidade. É indubitavelmente uma atitude extremamente louvável, sem paralelo na indústria tradicional de software. Desse modo, visto que partes importantes deste trabalho não poderiam ter sido feitas sem contar com os relatados publicados no *site* Gamasutra, é que agradeço profundamente a todos os autores dos *postmortems* analisados.

Finalmente, gostaria de render graças ao meu orientador, o Prof. Dr. Marcelo Pimenta. Evidentemente, este trabalho não existiria se o Prof. Pimenta não tivesse me dado a oportunidade de participar do Programa. Assim, gostaria de agradecer profundamente pela confiança depositada em um candidato a mestrando em computação, oriundo da Engenharia Elétrica e que não teria dedicação exclusiva. Poucos orientadores correriam esse risco; mesmo assim, arriscou e investiu. Este trabalho e os artigos que tive o privilégio de escrever com ele são os lucros desse investimento.

A colaboração do Prof. Pimenta foi prestada em todos os momentos, mesmo a milhares de quilômetros de distância, com uma presteza extraordinária, conduzindo-me para o caminho correto, além de fornecer inestimáveis contribuições sobre a abordagem adotada e o texto. Sinto-me abençoado e muito honrado em ter a oportunidade de conviver com tamanha sabedoria. Espero que no futuro, possamos continuar trabalhando juntos, em desafios cada vez maiores e na busca das utopias da Engenharia de Software.

Sumário

Lista de Figuras

Lista de Tabelas

Resumo

A indústria de jogos eletrônicos está entrando em uma nova era, na qual a tecnologia e a criatividade fundem-se, produzindo alguns dos mais estonteantes entretenimentos do Séc. XXI. Essa indústria, que já em 2003 ultrapassou o faturamento do cinema, tendo um rendimento anual de bilhões de dólares, emerge como uma das mais poderosas, excitantes e influentes no mundo das artes. Mesmo com toda essa pujança e rentabilidade, muitos dos relatos sobre projetos de jogos (doravante denominados *postmortems*) mostram que a produção desses softwares não é uma tarefa simples, estando ainda distante de um processo de trabalho saudável e sinergético.

Entretanto, ao analisarmos mais atentamente os *postmortems* disponíveis nos *sites* especializados em jogos eletrônicos, pode-se constatar a adoção de várias práticas de engenharia de software, em especial, práticas ágeis de desenvolvimento. Assim, é possível melhorar o processo de desenvolvimento de jogos eletrônicos através da aplicação dessas práticas? Que práticas são mais adequadas para este domínio? Que impacto sua adoção tem sobre propriedades subjetivas como a criatividade e a diversão?

O objetivo deste trabalho é avaliar o impacto da aplicação de práticas ágeis no processo de desenvolvimento de jogos eletrônicos, analisando os principais problemas da indústria de jogos, levantando as boas práticas já adotadas e propondo um conjunto de práticas ágeis que contemplem as características do processo de desenvolvimento de jogos. Finalmente, com o intuito de obter resultados experimentais da aplicação dessas práticas, será realizado um estudo de caso, possibilitando avaliar seus efeitos sobre o processo de trabalho.

Palavras-chave: Jogos eletrônicos, engenharia de software, métodos ágeis, boas práticas, processo de desenvolvimento de software.

Abstract

The industry of electronic games is entering a new age, in which technology and creativity are fused, producing some of the most stunning entertainment of the 21st Century. This industry, which already in 2003 exceeded the cinema invoice, having an annual yield of billions of dollars, emerges nowadays as one of the most powerful, exciting and influential in the world of arts. Despite of all this exuberance and profitability, many reports about games projects show that the production of these softwares is not a simple task, surrounded by common problems and being still distant of having a healthy and synergetic work process.

However, despite of problems found, game postmortems claims to use software engineering best practices in the game development process, specially, agile practices. Thus, is possible to improve the electronic game development process using agile practices? What practices are most appropriate for game development? What is the impact of such practices on subjective properties as creativity and fun?

The aim of this work is to study the effects of agile practices on electronic game development process, analysing the most important problems in the game industry, surveying best practices and proposing a set of agile practices focused on the game development issues. Finally, a case study will be presented.

Keywords: Electronic games, software engineering, agile methods, best practices, software development process.

1 INTRODUÇÃO

1.1 Contextualização

A criação de jogos eletrônicos é uma atividade incrivelmente complexa [GERSHENFELD; LOPARCO; BARAJAS, 2003] e uma tarefa mais dura do que se pode imaginar inicialmente. Hoje, criar um jogo é uma experiência muito diferente do que era no passado e, certamente, mais difícil, tendo explodido em complexidade nos últimos anos [BLOW, 2004].

Contudo, apesar dessas dificuldades, a indústria de jogos eletrônicos é atualmente uma das mais poderosas do setor de entretenimento, com faturamento de bilhões de dólares e gerando trilhões de horas de divertimento. Grandes projetos de jogos contam com equipes multidisciplinares de indivíduos altamente especializados, contendo simultaneamente desenvolvedores de software, *designers*, músicos, roteiristas e muitos outros profissionais. Assim sendo, a carreira de desenvolvedor de jogos é, atualmente, uma das mais dinâmicas, criativas, desafiadoras e potencialmente lucrativas que alguém pode escolher [GERSHENFELD; LOPARCO; BARAJAS, 2003].

Esse cenário leva a crer que tal pujança e lucratividade não são obra do acaso. A partir da análise de relatos feitos sobre projetos reais, é possível inferir que, para obterem esses resultados, um conjunto comum de boas práticas foi adotado nesses projetos.

Assim, quais são as boas práticas de engenharia de software aplicadas no processo de desenvolvimento de jogos eletrônicos? Essas práticas podem ser encontrados em outras indústrias de software? Quais práticas poderiam ser potencializadas? Que lições podemos extrair das experiências da indústria de jogos?

1.2 Motivação

Os criadores de jogos para computador sempre se preocuparam em evoluí-los, a partir de complexos incrementos tecnológicos, dando aos seus jogadores recursos que nunca haviam experimentado antes [BLOW, 2004]. Como resultado, cada novo ciclo de desenvolvimento de jogos tenta utilizar um conjunto de novidades técnicas desconhecidas. Conseqüentemente, o desenvolvimento de jogos é cercado de muitos riscos técnicos.

O incremento da complexidade, aliado à natureza multidisciplinar do processo de desenvolvimento de jogos (arte, som, jogabilidade, sistemas de controle, inteligência artificial, fatores humanos, entre muitos outros) interagindo com o desenvolvimento tradicional de software cria um cenário que aumenta ainda mais essa complexidade, a ponto de Callele, Neufeld e Schneider [2005] recomendarem uma metodologia de engenharia de software especializada para o domínio de jogos eletrônicos.

Questões como essas levam à situação de que, para cada novo jogo liberado, um grande número de outros projetos falham antes mesmo de chegarem ao mercado [CALLELE; NEUFELD; SCHNEIDER, 2005]. Muitos relatos sobre projetos de jogos mostram que a produção desses programas além de não ser uma tarefa simples [PETRILLO et al., 2008], está ainda distante de ter um processo de trabalho saudável e sinergético. Tais relatos descrevem uma série de dificuldades encontradas durante o processo de desenvolvimento de jogos, sendo que muitos desses problemas são encontrados recorrentemente em diversos projetos.

Este cenário leva a declarações como a de Ian Lane, da Mad Doc Software [GERSHEN-FELD; LOPARCO; BARAJAS, 2003]:

> *"É raro um projeto que não tenha algum tipo de agonia. Estou tentando pensar em um projeto que não tenha sido miserável em algum aspecto. Posso pensar em um que tenha sido muito consistente, mas em geral, penso que encontrará sempre algum grau de angústia associada a criação de jogos."*

e as de Scott Campbell, presidente e fundador da Incognito Studio [GERSHENFELD; LOPARCO; BARAJAS, 2003]:

> *"Todo o projeto tem um momento no qual você está totalmente no inferno, especialmente quando estiver criando uma nova propriedade intelectual ou tentando criar a "diversão" e a identidade central do jogo."*

O fato é que, apesar da competência de seus profissionais, projetos de jogos ainda têm uma taxa de falha muito mais alta do que a de sucesso [BETHKE, 2003]. McShaffry [2003] e Blow [2004] descrevem as causas de tais fracassos em uma importante discussão sobre o aumento da complexidade no desenvolvimento de jogos ao longo dos anos e os vários problemas decorrentes dessa complexidade. Além disso, é possível afirmar que problemas como a definição de escopos irreais e o acréscimo ou retirada de funcionalidades ao longo dos projetos são problemas recorrentes na indústria de jogos [PETRILLO et al., 2007].

Esses problemas não são exclusividade da indústria de jogos eletrônicos, sendo enfrentados a muitos anos pela indústria tradicional de software [NATO, 1968], a ponto de Ambler [2004] defender que a situação atual do desenvolvimento de software encontra-se aquém do ideal [AMBLER, 2004]. A própria natureza do software torna improvável a formulação de uma solução mágica para esses problemas através de um avanço tecnológico que gere uma melhora de ordem de magnitude na produtividade, simplicidade e confiabilidade [BROOKS JR., 1987].

As dificuldades da indústria de software são campos férteis para diferentes abordagens da engenharia de software. Nos últimos 25 anos, um grande número de metodologias para o desenvolvimento de software foram propostas, sendo que poucas sobreviveram até os dias de hoje. Abrahamsson et al. [2002] defendem que as metodologias tradicionais, como o processo em cascata (*waterfall*), largamente adotada na indústria de jogos, são muito mecânicas para serem utilizadas em detalhes, provendo um guia normativo para um conjunto utópico de situações durante o desenvolvimento de software.

Brooks [1995b] trouxe à tona claramente esse ponto de vista em uma conferência proferida no International Conference on Software Engineering de 1995: *"The waterfall model is wrong!"*. Também em 1998, o Standish Group analisou 23.000 projetos e constatou que as principais razões para a falha de projetos estão associadas ao uso do processo *waterfall* [LARMAN; BASILI, 2003]. Desse cenário, emerge o arcabouço para o surgimento dos processos iterativos e incrementais de desenvolvimento de software (PIID).

Os PIID surgiram em meados de 1930, a partir do trabalho de Walter Sheater, que propôs ciclos curtos de incremento da qualidade, conhecidos como *"plan-do-study-act"* (PDSA). Nos anos 40, Tom Gilb e Richard Zultner também exploraram a aplicação do PDSA para o desenvolvimento de software [LARMAN; BASILI, 2003]. Contudo, no projeto do jato supersônico X-15, em 1950, que PIID foi aplicado, sendo que essas práticas foram consideradas como sendo as maiores responsáveis pelo sucesso do projeto.

No início da década de 60, alguns integrantes do projeto X-15 foram designados para um projeto de software da NASA chamado Mercury, adotando também práticas de PIID. O Projeto Mercury foi executado em iterações muito curtas, que duravam somente meio dia. O time de desenvolvimento conduzia revisões técnicas de todas as mudanças e aplicava a prática de *test-first*[1], planejando e escrevendo testes antes de cada micro-incremento [LARMAN; BASILI, 2003].

---

[1] Esta prática, chamada também de *test driven development*, é hoje largamente adotada em vários métodos ágeis, como o *Extreme Programming* [BECK, 1999]

O PIID atingiu seu ápice na metade da década de 90, com o surgimento do *Rational Unified Process* (RUP), um dos mais conhecidos métodos iterativos. Na mesma época, Kent Beck juntou-se ao projeto Chrysler C3, tendo a colaboração de Ron Jeffries, amadureceram e sistematizaram o conjunto de práticas do mais conhecido método ágil: o *Extreme Programming* (XP). O XP chamou muito a atenção por sua ênfase na comunicação, na simplicidade, nas práticas de teste e na orientação pelo produto funcional, além do seu interessante nome [BECK, 1999].

Em fevereiro de 2001, um grupo de 17 especialistas em processos como DSDM, XP, Scrum, FDD e outros interessados em promover os princípios simples e modernos de IID, se reuniram em Utah para discutir as bases comuns de suas experiências. Desse encontro, surgiu a *Agile Aliance* (www.agilealliance.org) e o lançamento do termo "métodos ágeis" [AGILE ALLIANCE, 2006].

Os métodos ágeis ou desenvolvimento ágil de software é um *framework* conceitual de engenharia de software, o qual promove um desenvolvimento iterativo através do ciclo de vida do projeto, minimizando os riscos, por meio de ciclos curtos (de uma a quatro semanas), oferecendo uma resposta à demanda das empresas por um processo de desenvolvimento de software mais rápido e flexível. Eles atendem ao rápido crescimento e à volatilidade da indústria de software para Internet, bem como ao emergente ambiente das aplicações móveis [ABRAHAMSSON et al., 2002][WIKIPEDIA, 2007a].

A importância dos métodos ágeis é tamanha que a revista Business 2.0, em sua pesquisa anual das 50 pessoas, produtos, tendências e idéias que estão transformando o mundo dos negócios, **classifica os métodos ágeis como a 18ª tendência mais importante nas transformações atuais do *mainstream*** [Business 2.0, 2007]. Mesmo os tradicionais autores como Pressman [2006][2] ou Yourdon [2003] já se renderam aos resultados dos processos ágeis de desenvolvimento, dedicando capítulos ou seções inteiras de seus livros para tratarem desse tema. Autores mais recentes, como Tsui e Karam [2007], também dedicam aos métodos ágeis espaço em seus trabalhos.

O futuro da economia na Idade da Informação encaminha-se para a agilidade, na qual as empresas têm a capacidade de criar mudanças. Organizações ágeis criam caos para os seus competidores, primeiro por produzirem transformações mais rapidamente que eles podem

---

[2] É interessante notar que, até a 5ª edição de seu tradicional livro de Engenharia de Software [PRESSMAN, 2006], Pressman [2006] nem se quer citava qualquer método ou processo ágil. Essa lacuna foi reparada já na 6ª edição, na qual o autor dedicou um capítulo inteiro para discutir o desenvolvimento ágil. Teimosamente, Sommerville [2001], outro tradicional autor da área de Engenharia de Software, continua ignorando os métodos ágeis em seus livros.

acompanhar, e segundo, por responderem mais rapidamente do que seus competidores às mudanças do mercado. Organizações ágeis não respondem às mudanças, elas as geram. Em um mundo caoticamente mutante, os métodos tradicionais de desenvolvimento rigoroso de software são insuficientes para o sucesso [MARCHESI et al., 2002]. Entretanto, a estrutura dos métodos ágeis é muito diferente dos métodos tradicionais de desenvolvimento de software [WELLINGTON, 2006], trazendo novos desafios que requerem novas habilidades para engenheiros e gerentes.

Para Wellington [2006], não existe uma metodologia ágil que seja "a melhor" ou que funcione para todas as organizações. Entre as várias metodologias, selecionar a que mais agrega valor não é uma tarefa trivial, sendo que pode ser mais proveitoso se cada organização for capaz de incorporar as técnicas mais eficazes a seu processo, independentemente de qualquer metodologia específica [WELLINGTON, 2006].

A indústria de jogos eletrônicos, historicamente, adota processos tradicionais de desenvolvimento [BETHKE, 2003; CRAWFORD, 1984; FLYNT; SALEM, 2004; MCSHAFFRY, 2003; FLOOD, 2003], como o *waterfall*, sendo defendido claramente por Bethke [2003]. Apesar disso, algumas tentativas foram feitas para a adoção de práticas ágeis no domínio de jogos, como o *Unified Game Process* [FLOOD, 2003] e artigos como o de Schofield [2007]. Contudo, pouco ainda se tem de concreto sobre o uso dessas práticas no desenvolvimento de jogos. Segundo Callele, Neufeld e Schneider [2005], a sistematização de um conjunto de métodos para o desenvolvimento de jogos eletrônicos ainda não foi feita, sugerindo a organização de uma metodologia de engenharia de software especializada para o domínio da indústria de jogos, contemplando os aspectos como complexidade, multidisciplinaridade e criatividade.

A motivação desse trabalho é, essencialmente, preencher a lacuna existente na adoção de práticas ágeis no desenvolvimento de jogos eletrônicos. Assim, quais são os principais problemas encontrados no processo de desenvolvimento de jogos eletrônicos? Esses problemas podem ser encontrados em outras indústrias de software? Quais seriam as causas desses problemas? Que ações poderiam ser tomadas para minimizá-los? É possível, através da aplicação de práticas ágeis, melhorar o processo de desenvolvimento de jogos eletrônicos? Que práticas são mais adequadas para este domínio? Que impacto a adoção dessas práticas tem sobre propriedades como a jogabilidade e a diversão?

1.3   Objetivos

1.3.1   Objetivo geral

O objetivo geral deste trabalho é estudar o impacto da adoção de práticas ágeis no desenvolvimento de jogos eletrônicos, propondo um conjunto de práticas especializadas às necessidades e requisitos da indústria de jogos, contemplando seus principais problemas e buscando preservar propriedades subjetivas, como a criatividade e a diversão.

1.3.2   Objetivos específicos

Os objetivos específicos do trabalho são:

- fazer o levantamento dos problemas da indústria de jogos relatados pela literatura especializada, possibilitando o mapeamento dos problemas para a análise de *postmortems*;

- levantar o estado da arte dos métodos ágeis, extraindo as práticas ágeis empregadas no desenvolvimento de software;

- levantar as boas práticas de engenharia de software aplicadas no desenvolvimento de jogos, através do estudo dos *postmortems*;

- propor um conjunto de práticas ágeis, adaptadas às especificidades da indústria de jogos eletrônicos;

- avaliar o impacto dessas práticas na resolução dos problemas, propondo um índice para a quantificação de seus efeitos;

- propor um mecanismo de classificação de equipes quanto à maturidade para a implantação de práticas ágeis;

- avaliar, qualitativamente, as práticas propostas, através de um estudo de caso.

1.4   Metodologia

A metodologia de pesquisa adotada foi baseada em três atividades principais: levantamento bibliográfico, análise de *postmortems* e um estudo de caso.   Através do levantamento bibliográfico será adquirida a base para o diagnóstico dos problemas da indústria de jogos, bem como toda a fundamentação dos processos ágeis de desenvolvimento de software, fornecendo as práticas ágeis a serem analisadas. Com a análise de *postmortems* será possível avaliar os problemas reais enfrentados e as boas práticas já adotadas pelas equipes de jogos.

Com esses levantamentos realizados, propiciando o cotejamento entre os problemas encontrados e as boas práticas, será proposto um conjunto de práticas ágeis que contemplem as características do processo de desenvolvimento de jogos. Finalmente, será desenvolvido um estudo de caso, no qual as práticas propostas serão aplicadas, possibilitando a avaliação qualitativa do impacto de seu emprego em projetos reais de jogos eletrônicos.

Como o intuito de atingir seus objetivos, o trabalho foi divido nas seguintes fases:

1. Diagnóstico dos problemas e levantamento de boas práticas

    (a) Com o objetivo de traçar um diagnóstico dos problemas encontrados no processo de desenvolvimento de jogos, realizar um levantamento dos problemas da indústria de jogos eletrônicos.

    (b) A partir do estudo dos *postmortems* e da literatura especializada, identificar as melhores práticas já adotadas no processo de desenvolvimento de jogos.

2. Levantar o estado da arte dos métodos ágeis, extraindo as melhores práticas empregadas no desenvolvimento de software.

3. Com os levantamentos realizados, propor um conjunto de práticas, baseado nos métodos ágeis, a serem empregadas no desenvolvimento de jogos eletrônicos.

4. Executar um estudo de caso, aplicando as práticas ágeis selecionadas, em um projeto de desenvolvimento de jogos, conforme diagrama da figura 4:

    (a) fazer a seleção das práticas ágeis;

    (b) aplicar o conjunto de práticas;

    (c) levantar os resultados;

    (d) avaliar as práticas;

    (e) reaplicar o conjunto aperfeiçoado, coletando os novos resultados.

1.5 Estrutura do trabalho

Com o intuito de atender aos objetivos propostos, o trabalho foi dividido em 7 capítulos. Após a introdução, o capítulo 2 traz, inicialmente, uma pesquisa acerca dos problemas da

Figura 1.1: Estudo de Caso - Metodologia de trabalho

indústria tradicional de software, no qual são discutidas as questões tradicionais da engenharia de software e os projetos *Death March*. Na seção 2.3 são levantados os problemas relatados na literatura especializada em desenvolvimento de jogos eletrônicos. A partir desse levantamento e após a definição do que são *postmortems*, enumeramos os problemas encontrados nos relatos analisados, apresentando exemplos de citações que demonstram sua relevância no contexto dos jogos. Diante do panorama exposto, discutimos a metodologia de análise dos *postmortems* e descrevemos os resultados obtidos do levantamento dos problemas encontrados, através de tabelas e gráficos. Para encerrar o capítulo, é feita uma comparação entre os problemas encontrados na indústria tradicional de software e na indústria de jogos eletrônicos.

O capítulo 3 apresenta, de forma sucinta, o que é o desenvolvimento ágil de software, base fundamental de todos os estudos seguintes aplicados a jogos eletrônicos. A seção 3.1 traz o que é o que são métodos ágeis e a seção 3.2 apresenta o Manifesto Ágil. As seções seguintes descrevem os principais métodos ágeis que serão utilizados ao longo deste trabalho: Desenvolvimento Enxuto de Software, Scrum, Programação Extrema e Modelagem Ágil.

O capítulo 4 traz, inicialmente, um estudo sobre o processo tradicional de desenvolvimento de jogos e na seção 4.2, discorremos sobre as boas práticas de engenharia de software encontradas no processo de desenvolvimento de jogos eletrônicos, a partir da análise de *postmortems*. Finalmente, a seção apresenta 4.4 algumas experiências acadêmicas e empresariais, além de propostas para a utilização de práticas ágeis no desenvolvimento de jogos eletrônicos.

O capítulo 5 apresenta uma análise das práticas ágeis adaptadas as especificidades da indústria de jogos eletrônicos. É avaliado o impacto dessas práticas na resolução dos problemas, propondo um índice para a quantificação de seus efeitos e um mecanismo de classificação de equipes quanto a maturidade para a implantação de práticas ágeis. Finalmente, é organizado um conjunto de práticas ágeis, adaptadas à indústria de jogos eletrônicos.

O capítulo 6 apresenta um detalhado estudo de caso ,realizado para a experimentação das práticas discutidas. Nesse estudo é comparando, em um projeto acadêmico, a adoção do processo tradicional e das práticas ágeis no desenvolvimento de jogos eletrônicos. Finalmente, o capítulo 7 faz o fechamento desta dissertação, trazendo as conclusões, limitações e propostas de trabalhos futuros.

2 UM DIAGNÓSTICO DE PROBLEMAS NO DESENVOLVIMENTO DE JOGOS

Com o objetivo de diagnosticar os principais problemas encontrados na indústria de jogos eletrônicos, este capítulo apresenta, inicialmente, uma discussão sobre os problemas da indústria de software. A seção 2.2 descreve o que são *postmortems* e a seção 2.3 traz o levantamento feito dos problemas encontrados no desenvolvimento de jogos. Finalmente, é feita uma comparação entre a indústria tradicional de software e a de jogos eletrônicos.

2.1 Os problemas da indústria de software

A análise dos problemas no desenvolvimento de grandes sistemas remonta a origem da Engenharia de Software. Já a célebre conferência da NATO em 1968 [NATO, 1968], na qual o termo Engenharia de Software[1] [SOMMERVILLE, 2001] foi cunhado, tinha como objetivo básico concentrar-se nos problemas-chave de áreas críticas no processo de construção de programas de computador.

Apesar da comunidade acadêmica estar discutindo a quase 40 anos os problemas que afligem o desenvolvimento de sistemas computacionais, ainda temos dificuldades na elaboração de softwares elegantes, corretos e que satisfaçam seus clientes dentro do prazo e do orçamento previstos [BACH, 1995a; PRESSMAN, 2006].

Nesse contexto, discutiremos nesta seção os principais problemas da indústria de software tradicional, com base em alguns dos textos clássicos ([BROOKS, 1995a; PRESSMAN, 2006; SOMMERVILLE, 2001]), além de textos mais recentes ([YOURDON, 2003; TSUI; KARAM,

---

[1] Bryant [2000], em um interessante ensaio, faz uma análise crítica do uso da metáfora de engenharia para o desenvolvimento de software, defendendo que seu uso já serviu a seus propósitos, devendo ser revisada. Segundo Bryant [2000], software mais *cresce, evolui ou se desenvolve* do que se *constrói*. Apesar desses argumentos, este texto continuará adotando o termo *engenharia de software*, principalmente por uma questão de tradição, além de ainda não contarmos com outra denominação amplamente aceita.

2007; Standish Group, 1995; CHARETTE, 2005]). Iniciaremos este estudo contextualizando os problemas. Em seguida, enumeraremos quais são os principais problemas encontrados na literatura e, finalmente, analisaremos o que são projetos *Death March*. Esses estudos serão utilizados posteriormente na seção 2.3, no qual faremos uma comparação entre a indústria tradicional de software e a indústria de jogos eletrônicos.

2.1.1   Contextualizando os problemas em projetos de software

Apesar da popularização dos computadores digitais na década de 70, foi na década de 80 que a preocupação com a qualidade no desenvolvimento de software potencializou-se, visto que em 1980, 5,2% do produto interno bruto norte-americano já era despendido em gastos com processamento de dados [BURRIL; ELLSWORTH, 1982].

Assim como a eletricidade, a água, os transportes e outros sistemas de infra-estrutura, a tecnologia da informação está rapidamente tornando-se um elemento intrínseco da nossa existência. Em média, empresas investem de quatro a cinco porcento do seu rendimento em tecnologia da informação (TI), sendo que, para empresas altamente dependentes de TI, essa taxa pode chegar a mais de 10% [CHARETTE, 2005]. Em outras palavras, TI é hoje uma das maiores despesas das corporações.

Apesar disso, a situação atual do desenvolvimento de software está distante de ser a ideal [AMBLER, 2004]. Jones [1995] sugere que software pode ser encarado hoje como um dos mais problemáticos aspectos do mundo corporativo. Custos e cronogramas são excedidos; falhas são mais comuns em grandes projetos de software do que em quase qualquer outra área dos negócios. Fracassos em projetos ocorrem em todos os países, em grandes ou pequenas companhias, em organizações comerciais e governamentais, sem levar em conta status ou reputação [CHARETTE, 2005].

Nos Estados Unidos são despendidos mais de US$ 250 bilhões a cada ano em desenvolvimento de aplicações de Tecnologia da Informação, em aproximadamente 175 mil projetos. O custo médio para o desenvolvimento de projetos para grandes empresas é de US$ 2,32 milhões; para companhias médias é de US$ 1,33 milhão; e para pequenas empresas é de US$ 434 mil [Standish Group, 1995]. Mesmo com esses investimentos, a grande maioria dos projetos irá falhar, sendo que muitos deles apresentam-se em uma situação caótica [Standish Group, 1995].

Dos projetos que iniciam, de 5 a 15% são abandonados antes ou imediatamente após a entrega [CHARETTE, 2005], e Jones [1995] chega a descrever uma taxa de cancelamento acima de 20% para grandes sistemas. Já Charette [2005] comenta que projetos de larga escala tem de três a cinco vezes mais chance de falharem do que projetos pequenos. Dos que são entregues, dois terços experimentam extrapolações no cronograma e no orçamento que podem atingir a 100% [JONES, 1995].

Já a pesquisa feita pelo Standish Group [1995] mostra que mais de 30% dos projetos são cancelados antes de estarem completos e que 53% têm seu custo extrapolado em 189%. Somente 16% dos projetos são completados no prazo e dentro do orçamento, com todas as funcionalidades inicialmente especificadas [TSUI; KARAM, 2007; Standish Group, 1995]. Nesse cenário, Sommerville [apud PRESSMAN, 2006] sugere que a engenharia de software não está realmente em uma crise, mas sim em um estado de aflição crônica.

Diante de tantas dificuldades, muitos projetos de software fracassam e tais fracassos não se refletem em mudanças. Segundo The Chaos Report [Standish Group, 1995], diversos erros em projetos de software não são bem investigados e os mesmos erros continuam sendo cometidos. A insanidade corporativa no desenvolvimento de software está no fato de que se faz as mesmas coisas repetidas vezes e, a cada vez, se espera resultados diferentes [YOURDON, 2003]. Por essas razões, DeMarco e Lister [1999] defendem que os principais problemas dos projetos de software não são tecnológicos, mas sim gerenciais.

Por outro lado, Yourdon [2003] comenta que a indústria de software é bombardeada continuamente com estatísticas constrangedoras sobre os projetos. Gurus e metodologistas proclamam que os problemas são causados pela utilização de métodos errados, ferramentas erradas ou técnicas de gerenciamento de projeto erradas, sentenciando que a indústria de software, em outras palavras, é estúpida e incompetente [YOURDON, 2003]. Entretanto, Yourdon [2003] defende que a verdadeira causa dos problemas nos projetos de software não está nesses supostos erros, mas sim na atitude maquiavélica dos gerentes *seniors* ou na ingenuidade e na visão não-realística dos usuários. Na seção 2.1.2 iremos retomar esse assunto, definindo e analisando os projetos *Death March*.

A preocupação com os problemas encontrados no desenvolvimento de sistemas nada mais é que a constatação de que a tarefa de construir software tem riscos. Entretanto, simplesmente fugir dos riscos não é uma posição vitoriosa [DEMARCO; LISTER, 2003].

Na realidade, projetos sem riscos são perdedores, quase sempre destituídos de benefícios, motivo pelo qual não foram feitos antes. Para DeMarco e Lister [2003]:

Se um projeto não tem riscos, não faça-o. Salve a si mesmo, seu tempo e sua energia, aplicando-os em alguma coisa de valor.

Apesar de todos os riscos encontrados em projetos de software, são eles que os valorizam. Riscos e benefícios sempre estão de mãos dadas [DEMARCO; LISTER, 2003]. A razão de um projeto estar repleto de riscos está no fato de estar sendo conduzido por águas desconhecidas. Tais incertezas aumentam suas potencialidades, incrementando habilidades para responder aos desafios, além de dar uma vantagem competitiva e ajudar a construir uma marca notável no mercado.

2.1.2   Enumerando os problemas do desenvolvimento de software

A enumeração dos problemas do desenvolvimento de software passa por algumas perguntas [PRESSMAN, 2006]:

- Por que se leva tanto tempo para concluir um software?

- Por que os custos de desenvolvimento são tão altos?

- Por que não podemos encontrar todos os erros antes de entregar o software aos clientes?

- Por que gastamos tanto tempo e esforço mantendo programas existentes?

- Por que continuamos a ter tanta dificuldade em avaliar o progresso enquanto o software é desenvolvido e mantido?

Segundo Petrillo, Gomide e Silva [2003], além de Beck [1999], alguns dos problemas do desenvolvimento de software são:

- **estimativas de prazos são imprecisas:** não são coletadas informações sobre o processo de desenvolvimento. Sem informações históricas sobre a execução das tarefas, não se consegue estimar o prazo para a execução do projeto.

- **prazos são alongados:** quando chega a data da entrega, o software não fica pronto e o prazo necessita ser alongado.

- **projetos são cancelados:** após uma série de adiamentos na data da entrega, o projeto é cancelado sem jamais ter sido utilizado em produção.

- **projetos são abandonados:** o software é posto em produção, mas poucos anos depois, o custo de manutenção ou a taxa de defeitos é tão alta que o sistema é abandonado, devendo ser substituído. A capacidade de manutenção não é considerada como um critério importante para a aceitação do software.

- **altas taxas de defeitos:** o software é posto em produção, mas a taxa de defeitos é tão grande que não é usado.

- **software não resolve os problemas do cliente:** o software é posto em produção, mas ele não resolve os problemas de negócio do cliente para o qual ele foi originalmente projetado.

- **mudanças no negócio:** o software é posto em produção, mas as regras de negócio para o qual ele foi projetado foram modificadas.

Além disso, a própria natureza do software torna improvável a formulação de uma solução mágica para esses problemas através de um avanço tecnológico que gere uma melhora de ordem de magnitude na produtividade, simplicidade e confiabilidade [BROOKS JR., 1987]. Isso se deve ao fato de que, na sua essência, sistemas de software têm as seguintes propriedades:

- **Complexidade:** sistemas de software são de natureza intrinsecamente complexa [GIL; KIRKENDALL, 2001], devido ao grande número de estados possíveis, tendo várias ordens de grandeza a mais, em estados, que os computadores digitais, os quais já são considerados sistemas muito complexos. Além disso, diferentemente de outros sistemas como computadores, prédios ou automóveis, sistemas de software não contam com elementos repetitivos, tornando seu aumento em escala não meramente um aumento no tamanho dos elementos, mas um incremento no número de elementos, sendo que esses, muitas vezes, interagem entre si de forma não-linear. Conseqüentemente, o aumento da complexidade de um software não aumenta linearmente com o aumento do sistema, mas de forma muito maior e não-linear.

- **Conformidade:** sistemas de software, por serem criações muito recentes, precisam ser adaptados a todo e qualquer tipo de instituição e sistema já existentes.

- **Alterabilidade:** pela possibilidade de ser alterado com muita facilidade, sistemas de software sofrem pressão por alterações constantes.

- **Invisibilidade:** sistemas de software não têm representação espacial, isto é, não existe um diagrama ou esquema lógico que os represente, sendo que, na verdade, são necessárias várias representações para que se consiga o entendimento gráfico do sistema.

Já Charette [2005] organizou uma lista dos fatores mais comuns para o fracasso dos projetos de software:

- objetivos irreais e desarticulados;

- estimativas imprecisas dos recursos necessários;

- requisitos mal definidos;

- *status* do projeto acompanhado de forma pobre;

- falta de gerenciamento de riscos;

- comunicação pobre entre cliente, desenvolvedores e usuários;

- uso de tecnologias imaturas;

- inabilidade para manipular a complexidade dos projetos;

- falta de cuidado com práticas de desenvolvimento;

- gerenciamento de projeto pobre;

- questões políticas;

- pressões comerciais.

O Standish Group [1995], em sua pesquisa sobre os problemas dos projetos de software [Standish Group, 1995], quantificou os principais fatores que causam danos ou cancelamentos de projetos, os quais podem ser comparados através da figura 2.1. Nessa pesquisa, feita com gerentes executivos de TI, foi solicitada a opinião sobre quais seriam os principais fatores que ocasionam problemas nos projetos. Assim, 13,1% dos executivos destacaram os requisitos incompletos e 12,4%, a falta de envolvimento dos usuários como os problemas mais relevantes em seus projetos. Na seção 2.3.4, usaremos alguns desses resultados como suporte para a comparação entre a indústria tradicional e a de jogos eletrônicos.

A partir desses levantamentos e da análise das referências feitas por Villalón e Cuevas-Augustín [2003], Jones [1995], Tsui e Karam [2007], Yourdon [2003], Charette [2005], é possível agrupar os problemas em quatro categorias principais: 1) problemas com o cronograma; 2) problemas com o orçamento; 3) problemas com a qualidade; e 4) problemas de gerenciamento e de negócios.

De fato, projetos de TI raramente falham por apenas uma ou duas razões. O mais freqüentemente encontrado é uma combinação desses problemas, além de estarem intrinsecamente associados [CHARETTE, 2005]. Nas seções a seguir, analisaremos cada um desses problemas, caracterizando-os e discutindo suas causas.

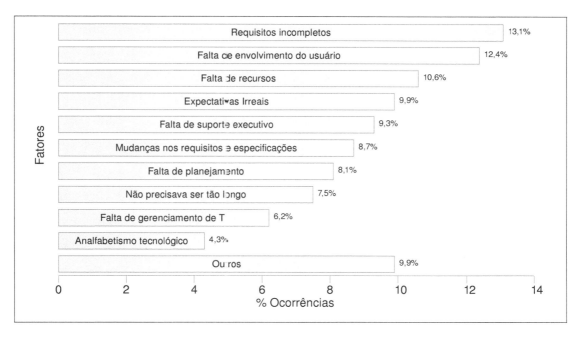

Figura 2.1: Causas de danos e cancelamento de projetos

Problemas com o cronograma

Todo o projeto que não consegue cumprir os prazos previstos tem problemas com o cronograma. Segundo Brooks [1995a], ultrapassando todas as outras combinadas, a maior causa de cancelamento em projetos está nos problemas de cronograma.

Talvez a primeira causa para tal problema esteja nas pobres técnicas de estimação, falaciosamente confundindo esforço com progresso [BROOKS, 1995a]. Com problemas nas estimativas, o progresso do cronograma acaba sendo monitorado de forma pobre e, quando atrasos são reconhecidos, a resposta natural é acrescentar mais profissionais.

Entretanto, isso é como apagar fogo com gasolina, tornando a situação cada vez pior. Mais problemas, mais profissionais, gerando uma realimentação positiva que acaba em desastre. Brooks [1995a] defende que as estimativas baseadas em homem-mês como unidade de medida para o tamanho de uma tarefa são perigosas. Homens e meses não são intercambiáveis para executar tarefas que não podem ser particionadas.

Em um artigo sobre os limites de se produzir estimativas em projetos de software, Lewis [2001] comenta que muitos programadores descobrem por si mesmos que é impossível fazer estimativas acuradas em projetos de software. Ele defende essa afirmação através de algumas constatações [LEWIS, 2001]:

- **o tamanho e a complexidade de um programa não pode ser estimado com sucesso** *a priori*: a complexidade algorítmica mostra que um programa de tamanho mínimo para uma certa tarefa não pode ser facilmente computada.

- **o tempo de desenvolvimento não pode ser objetivamente predito:** a estimativa de tempo de desenvolvimento deve considerar o tamanho e a complexidade do programa, em conjunto com outros fatores. Essa constatação é consequência direta do fato de que o tamanho de um programa não pode ser objetivamente predito. Existe um limite na velocidade do programador escrever código, sendo que qualquer estimativa de tempo de desenvolvimento, a qual suponha ser independente do tamanho do programa, será equivocada se o construído for maior do que pode ser feito durante o período de tempo estimado.

- **a produtividade absoluta não pode ser objetivamente determinada:** pelo fato de não existir uma forma bem sucedida para determinar a complexidade de um programa, a produtividade não pode ser comparada entre projetos. É comumente observado que medidas como linhas de código e pontos de função podem não refletir o domínio e os problemas de variações específicas na complexidade.

Essas dificuldades assemelham-se ao problema de definir e medir características psicológicas como a inteligência. Similarmente a testes que estimam a inteligência, por não existirem medidas objetivas e absolutas dessa valência, devem ser selecionados estimadores aproximados baseados em demonstrações empíricas de utilidade [LEWIS, 2001].

Outro fator que leva a problemas nas estimativas de prazo de um projeto é o otimismo. Brooks [1995a] afirma que todos os programadores são otimistas. Esse otimismo, acompanhado da ingenuidade, que freqüentemente está associada à inexperiência, acarreta que as pessoas não têm consciência de quanto tempo e esforço serão necessários para a construção de um sistema [YOURDON, 2003]. Essa situação é tão conhecida que DeMarco e Lister [2003] chegam a chamá-la de "otimismo histérico": todos na organização querem desesperadamente entregar um sistema complexo, que jamais seria completado em uma estimativa realística de pelo menos três anos de esforço, em nove meses.

Além do otimismo, a covardia é outro aspecto sociológico encontrado durante a estimação de projetos. Brooks [1995a] observa que programadores, assim como seus chefes, são influenciados pela urgência do patrocinador durante a elaboração do cronograma. Essa urgência pode até governar o prazo de uma tarefa, mas não pode governar o tempo necessário para sua realização. Falsos cronogramas são produzidos para atender ao desejo do patrocinador e essa postura não-realista é muito mais comum em projetos de software do que em outras engenharias [BROOKS, 1995a].

A covardia também é tratada por DeMarco e Lister [2003], analisando as organizações que iniciam seus projetos tardiamente. Projetos que acabam atrasados quase sempre são os que começaram muito tarde, demonstrando a falta de visão e coragem da alta cúpula gerencial [DEMARCO; LISTER, 2003].

Sistemas com uma data de entrega crítica podem, realmente, minimizar seus riscos começando o mais cedo possível, sendo provavelmente a única forma efetiva de diminuir os atrasos em muitos projetos [DEMARCO; LISTER, 2003]. Por outro lado, começar um projeto suficientemente cedo sempre exige coragem, pois nesse caso, algumas decisões podem ainda não terem sido tomadas. Isso envolve arriscar as fichas em alguma coisa que não está perfeitamente certa [DEMARCO; LISTER, 2003].

Os problemas com cronograma devido a incertezas, a estimativas exageradamente otimistas e a covardia, têm causado danos à credibilidade da indústria de software. Lewis [2001] afirma que a credibilidade não será alcançada enquanto se continuar prometendo prazos de entrega absolutos. Ao invés disso, a indústria de software deve se conscientizar das incertezas e dos riscos intrínsecos do desenvolvimento de software, sendo necessário promover uma discussão pública e honesta sobre esses riscos.

Problemas com o orçamento

Projetos com problemas no orçamento se caracterizam por terem sido investidos valores acima do previsto. Modelos para estimar o custo de um projeto são baseados em função de estimativas de tempo necessário para o desenvolvimento ou de medidas de tamanho, como linhas de código ou pontos de função [LEWIS, 2001]. Conseqüentemente, o custo de um produto também é função do número de profissionais necessários para o seu desenvolvimento [BROOKS, 1995a].

Exigências econômicas de redução de custos, que acarretaram em processos como o de *downsizing*, conduziram a uma tendência de cortes em orçamentos e contratos com preço fixo em projetos de software[YOURDON, 2003]. Gerentes de TI esperam fazer mais com menos e mais rápido que antes, tendo uma visão de que projetos de software não são um investimento, mas são puramente um custo que pode ser controlado [CHARETTE, 2005].

Por outro lado, Brooks Jr. [1987] constata que em nenhuma outra área de tecnologia houve um ganho tão grande de desempenho com tamanha redução de custos. A essas pressões é acrescido o fato de que o preço de um software não pode ser definido simplesmente pela relação entre o preço ao cliente e o seu custo de desenvolvimento, devendo-se levar em conta aspectos organizacionais, econômicos, políticos e de negócio [SOMMERVILLE, 2001].

Em média, o orçamento de projetos de software extrapolam em quase 200% o custo originalmente estimado, fenômeno que ocorre em empresas de todos os portes [Standish Group, 1995]. O estudo feito pelo Standish Group [1995] mostra, como pode ser visto através da tabela 2.1, que alguns projetos (4,4%) chegam a extrapolar seu orçamento em mais de 400%.

Tabela 2.1: Extrapolação do custo em projetos de software

Taxa Extrapolação do Custo	% de projetos
Abaixo de 20%	15,5
21 - 50%	31,5
51 - 100%	29,6
101 - 200%	10,2
201 - 400%	8,8
Acima de 400%	4,4

Pressionados por tal situação, desenvolvedores têm constatado sua inabilidade de estimar com acuracidade os custos do desenvolvimento de software [KEMERER, 1987]. Apesar disso, a limitação na estimação de orçamento talvez não seja o problema fundamental em um projeto. Com os custos estando diretamente associados ao tamanho e à complexidade do projeto, a dificuldade está em estimar estes parâmetros. De fato, a má estimação desses parâmetros é que causa a extrapolação encontrada na maioria dos projetos [LEWIS, 2001; Standish Group, 1995].

Problemas com a qualidade

Um projeto tem problemas com a qualidade[2], sob o ponto de vista do cliente, quando existem diferenças entres o produto entregue e a sua expectativa. A qualidade está associada à satisfação do cliente, a aspectos estéticos e à corretude de um sistema em termos de seus requisitos [BACH, 1995a].

---

[2] Ainda hoje, uma das principais referências de engenharia de software, Sommerville [2001], quando trata de qualidade, continua fazendo associações entre o desenvolvimento de software e a indústria de bens manufaturados, a ponto de escrever literalmente: *"Não é aceitável que sejam entregues produtos de qualidade pobre, com problemas e deficiências que devem ser reparadas após a entrega. A este respeito, software é o mesmo que qualquer outro produto manufaturado, como carros, televisores ou computadores"* [SOMMERVILLE, 2001]. Infelizmente, tal visão continua a permear as mentes dos gerentes de TI, apesar dos esforços feitos nos últimos 10 anos por alguns autores como Bryant [2000], Bach [1997], Ambler [2004] ou Yourdon [2003], para modificar esse paradigma da criação de software. Mas talvez ainda tenhamos esperança, pois outro peso-pesado, Pressman [2006], já começa a render-se frente a uma perspectiva mais sistêmica e não-linear para a Engenharia de Software.

Do ponto de vista técnico, a razão mais comum para os desastres em projetos de software é o pobre controle de qualidade. Segundo Jones [1995], encontrar e corrigir *bugs* é o aspecto mais caro e consumidor de tempo no desenvolvimento de software, especialmente para grandes sistemas.

Além disso, segundo o Standish Group [1995], dos projetos com problemas, mais de um quarto foram entregues com 25% a 49% das funcionalidades originalmente especificadas, como pode ser visto na tabela 2.2. Em média, somente 61% das funcionalidades originalmente especificadas são disponibilizadas no produto final.

Tabela 2.2: Funcionalidades entregues em projetos de software

% de funcionalidades entregues	% de projetos
Menos de 25%	4,6
25 - 49%	27,2
50 - 74%	21,8
75 - 99%	39,1
100%	7,3

Essas estatísticas dão a entender que qualidade é como uma substância, alguma coisa que, a princípio, se poderia ler em uma escala. Entretanto, para Bach [1995a], qualidade é mais como uma ilusão de óptica, uma abstração complexa que emerge em parte do que é observado, em parte do observador e em parte do processo de observação por si mesmo. Por trás da fachada de métricas e diagramas de Ishikawa, qualidade é nada mais que o conjunto conveniente de idéias sobre o que é bom; qualidade é o que tem valor para alguém [BACH, 1995a].

Problemas de gerenciamento

Problemas de gerenciamento acontecem de várias formas, incluindo má comunicação, criando uma atmosfera inóspita que incrementa as mudanças na equipe; falta de investimento no treinamento da equipe; e a falta de revisão dos projetos em intervalos regulares [CHARETTE, 2005]. Segundo Jones [1995], o mau gerenciamento de projetos é a origem de muitos dos problemas no processo de desenvolvimento de software.

Decisões de projeto são freqüentemente difíceis de serem tomadas por envolverem escolhas baseadas em conhecimento incompleto e nebuloso, fazendo com que a tarefa de estimar quanto um projeto irá custar ou quanto tempo será necessário seja mais uma arte do que uma ciência [CHARETTE, 2005].

Em termos de gerência de projetos, Sommerville [2001] defende uma similaridade entre a engenharia de software e outras engenharias. Entretanto, descreve algumas diferenças que dificultam o gerenciamento de projetos de software:

- **o produto é intangível:** o software não pode ser visto ou tocado; é intangível. Gerentes de projeto não podem ver diretamente seu progresso, necessitando que outros documentos sejam produzidos para acompanhar o progresso do projeto.

- **não existe um processo padrão para o desenvolvimento de software:** não se tem um claro entendimento sobre as relações entre o processo de software e o seu resultado.

- **grandes projetos de software são freqüentemente únicos:** grandes projetos de software são usualmente diferentes de todos os outros feitos anteriormente. Ensinamentos aprendidos de experiências passadas podem não ser transferíveis para novos projetos.

Todas essas dificuldades essenciais levam à reflexão feita por Lewis [2001], que divide a comunidade de engenharia de software em duas: a do campo do "processo" - aqueles que acreditam que software de qualidade pode ser desenvolvido no tempo se um processo em particular ou uma tecnologia de programação for utilizada; e a do campo da "resolução de problemas" - que acredita que o desenvolvimento de software é fundamentalmente uma resolução de problemas. Essa segunda visão é defendida por Bollinger [1997], que escreveu:

> *"A criação de um software genuinamente novo tem, de longe, mais coisas em comum com o desenvolvimento de uma nova teoria da física do que a produção de carros ou lavadoras montadas em uma linha de produção."*

Essas constatações sobre a natureza do processo de criação de um software fazem com que Bach [1995b] enfatize que muito já foi escrito sobre processos e métodos de desenvolvimento de software, mas pouco tenha sido escrito sobre o cuidado e a satisfação das mentes daqueles que atualmente escrevem software. Processos são úteis, mas não são os elementos centrais para o sucesso de projetos de software. O ponto central está no homem - o herói que resolve problemas ambíguos, que distingue entre uma necessidade expressada e a necessidade que de fato tornará o cliente plenamente satisfeito [BACH, 1995b].

Assim, uma organização que gerencia seus projetos através de valores como a abertura, a honestidade, a comunicação e a colaboração está mais apta a encontrar e resolver seus problemas antes que sejam insolúveis e o retrabalho torne-se inevitável [CHARETTE, 2005].

Projetos *Death March*

Alguns relatos de jogos analisados explicitamente fazem referência ao termo *Death March*[34] [HUEBNER, 2000a; VANDENBERGHE, 1999; FRISTROM, 2000], bem como Gershenfeld, Loparco e Barajas [2003] dedicaram uma página inteira de seu livro *Game Plan* [GERSHENFELD; LOPARCO; BARAJAS, 2003] para alertar que os projetos de jogos evitassem a cultura *Death March*[5]. Nesta seção, analisaremos o que são projetos *Death March*, e a partir do trabalho de Yourdon [2003], descreveremos porque eles acontecem.

Na Segunda Guerra Mundial, *Death March* era a marcha ou excursão em condições extremamente severas, negligenciando a vida e a saúde dos marchadores, que eram usualmente prisioneiros e freqüentemente resultavam em numerosas mortes. Inicialmente, o termo foi usado por vítimas e historiadores para se referir aos movimentos forçados no inverno de 1944-5 pela Nazi Alemã a milhares de prisioneiros, principalmente judeus, aos campos de concentração próximos ao fronte de batalha [WIKIPEDIA, 2007c].

Após a Guerra, o termo passou a ser aplicado a eventos similares em outros lugares. A idéia por trás dessas marchas é forçar os prisioneiros a caminharem em campos de batalha sem comida, água, proteção ou conforto; isto se conseguirem prosseguir sem serem alvejados pelos freqüentes tiroteios [WIKIPEDIA, 2007c].

Na indústria de software, *Death March* é um disfemismo para um projeto que está destinado ao fracasso. Usualmente, é o resultado de expectativas irreais ou exageradamente otimistas no cronograma, no escopo, ou em ambos, e freqüentemente é acompanhado da falta de documentação apropriada ou treinamento [WIKIPEDIA, 2007d].

Mas é Yourdon [2003] que, em seu livro *Death March*[6] [YOURDON, 2003], usa pela primeira vez este disfemismo para projetos de software, sentenciando que projetos *Death March* não podem ser evitados.

A definição de projeto *Death March*, segundo Yourdon [2003], está associada a restrições de, pelo menos, 50% em um dos parâmetros de projeto descritos:

---

[3] Dos 20 *postmortems* analisados, três explicitamente citam o termo *Death March*.
[4] O termo *Death March* não foi traduzido por não existirem referências que tenham traduzido este termo para a língua portuguesa.
[5] *Game Plan página 168.*
[6] Talvez *Death March* seja a mais importante obra sobre os problemas do desenvolvimento de software escrita até hoje, comparável ao *The Mythical Man-Month* [BROOKS, 1995a], trazendo à tona, de forma pragmática e honesta, as mazelas que afligem a indústria de software.

- **o cronograma é comprimido** a menos da metade do necessário em um processo racional de estimativa. Devido às pressões econômicas do mercado globalizado, esse talvez seja o sintoma mais comum dos projetos *Death March*.

- **a equipe é reduzida** a menos da metade do número que normalmente seria associado para um projeto desse escopo e tamanho. Isto se deve à crença ingênua de que novas linguagens de programação ou novas tecnologias irão magicamente duplicar a produtividade do time, a despeito do fato de que o time não tem prática ou sequer foi treinado na nova tecnologia e provavelmente não foi consultado sobre a decisão de adotá-la.

- **o orçamento e outros recursos associados são cortados** pela metade, devendo-se a movimentos como o *downsizing* e outras medidas de contenção de custos, acarretando diretamente na contratação de inexperientes desenvolvedores júnior, ao invés de veteranos de alto custo. Além disso, os projetos são permeados por uma atmosfera de penúria, a qual impede que o gerente de projeto encomende uma pizza para sua equipe enquanto estão trabalhando em hora-extra durante o final de semana.

- **as funcionalidades, recursos, requisitos de desempenho e outros aspectos técnicos do projeto são duas vezes maiores** do que deveriam ser em circunstâncias normais.

A consequência imediata dessas restrições é que, se uma semana normal de trabalho tem 40 horas, equipes de projetos *Death March* trabalham 14 horas por dia, seis dias por semana, acarretando em tensões no ambiente, com pressões comparáveis a uma panela de pressão [YOURDON, 2003].

Yourdon [2003] organizou uma lista com as razões pelas quais essas restrições são adotadas, ocasionando projetos *Death March*:

- **política:** decisões políticas, interesses de poder e ambição levam projetos a serem restringidos com o objetivo de fracassarem.

- **promessas ingênuas feitas pelo marketing, por executivos sênior ou pelos gerentes de projeto:** a ingenuidade freqüentemente está associada à inexperiência, fazendo com que as pessoas não tenham idéia de quanto tempo e esforço são necessários para realizarem a construção do sistema que desejam.

- **otimismo ingênuo dos jovens: "Nós podemos fazer tudo no final de semana":** existe a firme convicção entre desenvolvedores repletos do otimismo da juventude de que qualquer sistema pode ser desenvolvido em um final de semana. Detalhes "menores" como a documentação, tratamento de exceções, manipulação das entradas de usuário e testes são tão enfadonhos que não são contados.

- **a mentalidade de assumir riscos das novatas companhias *startup***: companhias *startup* têm equipes abaixo do necessário, sem o investimento suficiente, sem gerenciamento e histericamente otimistas acerca das suas chances de sucesso.

- **a mentalidade dos "Fuzileiros Navais": programadores de verdade não precisam dormir:** freqüentemente está associada à cultura da empresa e à personalidade de seu fundador. Para Yourdon [2003], a indústria de software ainda não está madura, pois todo ano "existe um novo Monte Everest para escalar e uma nova safra de talentosos programadores serão convencidos de que podem percorrer todo o caminho até o topo descalços".

- **competição intensa causada pela globalização dos mercados:** o advento da Internet e da Web, bem como decisões de governo abrindo mercados anteriormente protegidos por tarifas e quotas, elevam o nível de competição entre mercados globais. Movimentos de *outsourcing* incrementaram as pressões para o corte de custos com mão-de-obra, deslocando projetos para organizações na Índia, China, Rússia, dentre outros países.

- **competição intensa causada pelo surgimento de nova tecnologias:** a introdução de novas tecnologias se dá, muitas vezes, por pressões competitivas criadas para responder à introdução dessas tecnologias feitas pelos concorrentes. Além disso, técnicos e gerentes de projetos jovens preferem novas tecnologias exatamente porque são novas, não levando em conta, devido ao otimismo, os riscos sobre o prazo e orçamento da adoção de tecnologias desconhecidas.

- **intensa pressão causada por regulações inesperadas do governo:** decisões de governo que impõem modificações operacionais nas empresas com datas rigidamente definidas, como 1º de janeiro, sendo que o descumprimento dessas nossas normas acarreta em multas e punições.

- **crises imprevisíveis:** na prática, é incrivelmente difícil antecipar e planejar todas as coisas malucas que podem acontecer no mundo dos negócios de hoje. **Vivemos em um mundo de caos; projetos *Death March* são a consequência natural desse caos.**

Apesar do fato de, segundo Yourdon [2003], projetos *Death March* serem inevitáveis no competitivo e **caótico** ambiente dos negócios dos dias atuais, algumas empresas têm reconhecido essa situação e têm começado a se planejar de uma maneira mais racional.

2.2   O que são *postmortems*

Postmortem é tipicamente um documento escrito próximo ou imediatamente após o término de um projeto por um ou mais membros do time, relatando o que aconteceu durante o projeto de desenvolvimento do jogo [HAMANN, 2003]. Eles costumam ser feitos por gerentes de projeto ou membros do médio ou alto escalão das organizações [CALLELE; NEUFELD; SCHNEIDER, 2005]. É um método de estudo empírico de engenharia de software [MYLLYAHO et al., 2004] e sua elaboração é uma tarefa que tem como objetivo capturar as experiências e sugerir melhorias a partir de projetos finalizados, sendo uma importante ferramenta de gerenciamento do conhecimento [BIRK; DINGSOYR; STALHANE, 2002]. Sua importância é tamanha que Birk et al. [2002] chegam a sugerir que nenhum projeto deveria ser encerrado sem a confecção do seu *postmortem*.

A produção de *postmortems* é comum na indústria de jogos. Exemplos importantes da adoção dessa prática são encontrados no *site* especializado em jogos Gamasutra[7]. Esse *site* disponibiliza dezenas de relatos, sendo feitos tanto por projetos grandes quanto por pequenos; por projetos de um só desenvolvedor até projetos com mais de 70 pessoas [MYLLYAHO et al., 2004].

Os *postmortems* do Gamasutra seguem a estrutura proposta pelo *Open Letter Template* [MYLLYAHO et al., 2004], trazendo uma descrição resumida do projeto e as informações mais importantes sobre o desenvolvimento do jogo. Em seguida, o artigo é dividido em duas seções:

- **o que deu certo:** relata as boas práticas utilizadas no projeto, soluções, melhoramentos, decisões de projeto e gerenciamento que foram acertadas, podendo, em muitos casos, servir de modelo para futuros projetos.

- **o que deu errado:** relata dificuldades, enganos e decisões de projeto que resultaram em problemas durante o desenvolvimento do jogo, tanto na parte técnica quando na área gerencial.

O artigo é encerrado com uma mensagem final do relator e é reservada uma seção na qual, tipicamente, é feita uma ficha do jogo, com algumas informações como editor e

---

[7] http://www.gamasutra.com

desenvolvedor; número de desenvolvedores em tempo integral, tempo parcial e contratados; tempo de desenvolvimento e data da liberação; plataforma do jogo, além do hardware e software utilizados no desenvolvimento.

De fato, *postmortems* contêm dados que formam uma base de conhecimento para os desenvolvedores, com exemplos e experiências da vida real. Eles ajudam no compartilhamento do conhecimento, podendo, se bem utilizados, auxiliar na tomada de decisões em futuros projetos. Acreditamos que são também uma ótima fonte de informação para nossa análise.

2.3 Os problemas da indústria de jogos eletrônicos

Na seção 2.1 tratamos dos problemas encontrados na indústria tradicional de software. Será que esses problemas também são encontrados no desenvolvimento de jogos eletrônicos? Quais são seus principais problemas? Com que freqüência esses problemas são encontrados nos projetos de jogos? Que problemas são encontrados em ambas as indústrias? Existiriam problemas encontrados somente no desenvolvimento de jogos eletrônicos?

Neste capítulo discutiremos tais questões, inicialmente levantando os problemas referenciados na literatura especializada no desenvolvimento de jogos. Em seguida, apresentaremos a metodologia utilizada para o levantamento dos dados sobre os projetos de jogos. Com a contextualização realizada, apresentaremos os problemas encontrados durante o processo de análise dos *postmortems*, demonstrando suas características e destacando os critérios utilizados à constatação de um problema.

Com os problemas mapeados, discutiremos como foi feita a contabilização dos problemas relatados nos *postmortems*, apresentando os dados através de tabelas e gráficos ilustrativos, bem como analisaremos os resultados obtidos. Finalmente, traçaremos uma comparação entre os problemas da indústria tradicional de software e a de jogos eletrônicos.

2.3.1 Problemas encontrados na literatura especializada

Segundo Flood [2003], todos os *postmortems* de desenvolvimento de jogos dizem as mesmas coisas: o projeto foi entregue atrasado; continha muitos defeitos; as funcionalidades não eram as que originalmente haviam sido projetadas; muita pressão e uma imensa quantidade de horas de desenvolvimento para que o projeto saísse.

A literatura especializada no desenvolvimento de jogos eletrônicos também é pródiga em descrever os problemas dessa indústria. Segundo Bethke [2003], a indústria de *games* adota, em geral, uma metodologia pobre, se é que adota alguma, ocasionando projetos com uma duração muito maior do que deveriam, extrapolando o orçamento e tendendo a ser irracionalmente repletos de defeitos. Além disso, a maioria dos jogos comerciais não dão o retorno financeiro esperado. Em 2001, dos 3.000 jogos liberados para a plataforma PC, 100 desses títulos tiveram algum retorno financeiro, sendo que somente 50 produziram um lucro significativo para seus desenvolvedores e editores [BETHKE, 2003].

Contudo, grandes orçamentos não garantem o sucesso comercial ou definem a qualidade de um projeto [FALSTEIN, 1998]. Segundo Falstein [1998], a indústria de jogos finalmente tem resolvido o problema da falta de investimentos nos projetos, trazendo com sigo todas as vantagens e riscos. Apesar disso, ele defende que não existe uma fórmula garantida para o sucesso e que a indústria de jogos ainda terá que encontrar seu próprio caminho.

Mesmo o desenvolvimento de jogos sendo verdadeiramente uma das mais excitantes, desafiadoras, gratificantes e divertidas carreiras que se pode escolher, existe um outro lado, no qual trabalhar na produção de jogos é qualquer coisa diferente de divertida [GERSHENFELD; LOPARCO; BARAJAS, 2003]. Esse lado envolve uma quantidade exaustiva de horas de trabalho, associado a um cronograma irreal, além de uma intensa pressão e instabilidade na carreira. Gershenfeld, Loparco e Barajas [2003] descrevem um cenário de longos períodos de trabalho, má alimentação, cansaço e frustração no processo de desenvolvimento de jogos. Não é raro que o cronograma de um projeto esteja associado ao Natal, muitas vezes com a compra de espaço publicitário para o lançamento do produto, bem com sua venda antecipada, sem ainda tê-lo acabado.

O fato é que, apesar da competência de seus profissionais, projetos de jogos ainda têm uma taxa de falha muito mais alta do que a de sucesso [BETHKE, 2003]. McShaffry [2003] e Blow [2004] descrevem as causas desses fracassos em uma importante discussão sobre o aumento da complexidade no desenvolvimento de jogos ao longo dos anos e os vários problemas decorrentes dessa complexidade.

Com o objetivo de elucidar melhor esses problemas, nas seções seguintes iremos discutir detalhadamente alguns deles, baseado nas causas de falha referenciadas por Flynt e Salem [2004] e através do estudo da literatura especializada no desenvolvimento de jogos eletrônicos.

Problemas com o escopo

Segundo Flynt e Salem [2004], a maior razão para a falha em projetos de jogos é a negligência no claro estabelecimento do escopo. Se um projeto não tem um escopo bem estabelecido, requisitos emergentes podem acarretar em significativas mudanças estruturais na arquitetura do sistema, causando sérios problemas [CALLELE; NEUFELD; SCHNEIDER, 2005].

As equipes de desenvolvimento perdem-se no escopo quando algumas dificuldades se estabelecem: problemas com o tamanho exagerado e complexo do projeto, além de enfrentarem requisitos altamente específicos do domínio de jogos [GERSHENFELD; LOPARCO; BARAJAS, 2003; BLOW, 2004]. Contudo, a principal causa dos problemas de escopo é a tendência comum dos projetos aumentarem de tamanho adicionando novas funcionalidades ao longo do desenvolvimento. Este prática é conhecida na indústria de jogos como *feature creep*.

O acréscimo tardio de *features* ocorre quando desenvolvedores, gerentes ou clientes adicionam requisitos ao projeto após seu escopo já ter sido definido. Com a intenção de criar o melhor jogo possível, existe a tendência de se acrescentar cada vez mais elementos, criando, provavelmente, um jogo mais interessante (mas não é garantido) e certamente maior [GERSHENFELD; LOPARCO; BARAJAS, 2003].

Essa boa intenção faz com que novas *features* sejam acrescidas por vários motivos. Segundo Flynt e Salem [2004], a forma mais comum de emergir novos elementos é quando programadores, por acaso, descobrem *features* interessantes durante o processo de desenvolvimento ou quando aleatoriamente decidem adicionar funcionalidades que consideram atraentes para o jogo. Flynt e Salem [2004] defendem que o âmago dessa situação está na fase de desenvolvimento iniciar-se sem um forte esforço de análise, além da falta de técnicas que melhorem a investigação e verificação dos requisitos do projeto.

Outra forma comum de *feature creep* acontece quando o código externo acaba sendo incorporado sem planejamento, a título de se ganhar tempo. Entretanto, o que muitas vezes ocorre é um trabalho extremamente custoso e necessário à integração do novo componente. Uma terceira forma ocorre quando desenvolvedores decidem, apesar de contarem com um conjunto de *libraries* sólidas, implementar seus próprios algoritmos.

O efeito do *feature creep* é que o trabalho, inicialmente especificado, é estendido com novos requisitos não especificados originalmente. Essas adições fazem com que esforço extra seja despendido para a implementação das novas funcionalidades, ocasionando que o produto realmente especificado nunca se complete. Quando novos requisitos são incorporados, também novos riscos são estabelecidos, pois o incremento de novas funcionalidades requer mais testes, resultando em mais problemas de integração e podem impactar em todos os componentes do jogo. Além disso, o tempo utilizado na implementação de funções não especificadas acaba consumindo recursos que estavam planejados para serem utilizados em *features* claramente especificadas, sendo que estas acabam não sendo desenvolvidas. Outro grave problema é que o acréscimo desordenado faz com que seja impossível estabilizar o projeto e testá-lo como um todo.

Flynt e Salem [2004] defendem que esse problema ocorre quando existem falhas no processo de restrição do esforço de desenvolvimento. Também Bethke [2003] acredita que controlar o *feature creep* e congelar novas funcionalidades são essências para a finalização de um jogo. Todos os grandes sucessos da indústria mantiveram um pequeno conjunto de *features* extremamente bem feitas [BETHKE, 2003].

Entretanto, a indústria de jogos está repleta de casos nos quais *features* descobertas relativamente tarde, durante o processo de desenvolvimento, tornaram o jogo um sucesso. Desenvolver jogos não é um processo linear [FLYNT; SALEM, 2004]. Assim, se uma função interessante é descoberta, ela deve ser analisada em termos de seus riscos e acrescentada ao cronograma do projeto.

Problemas com o cronograma

A literatura especializada em *video games* descreve exaustivamente os problemas com o cronograma em projetos de jogos. Apesar deles usualmente iniciarem com cronogramas razoavelmente estruturados, idéias brilhantes e um entusiasmo incontido, invariavelmente alguma coisa dá errado. E o número de coisas que pode dar errado é virtualmente sem fim [BETHKE, 2003]. Esses problemas, muitas vezes, estão associados à interdisciplinaridade necessária na elaboração de jogos, gerando atrasos ocasionados pela espera do trabalho de artistas, além da falta de uma estimativa realista sobre o plano inicial de desenvolvimento, fazendo com que a equipe não seja capaz de encontrar um prazo final para os projetos [FLYNT; SALEM, 2004].

A tarefa de identificar os riscos no cronograma do projeto freqüentemente é de responsa-bilidade do gerente de projeto. Entretanto, sua elaboração deve contar com contribuições de todos os membros do time de desenvolvimento. Sem estimativas do tempo necessário para a realização de cada tarefa, o gerente de projeto não pode formular um cronograma realístico.

A tarefa de produzir estimativas de quanto tempo uma tarefa leva para ser realizada conta com uma série de riscos que implicam em subestimações, acarretando em atrasos cumulativos no cronograma. Segundo Flynt e Salem [2004], desenvolvedores recorrentemente falham em suas estimativas de prazo devido à falta de dados históricos que auxiliem na conjectura do tempo necessário para realizar uma tarefa. Outro problema comum na estimação de prazos é o fato de não se contabilizar o tempo consumido em reuniões e outras atividades complementares, além de não se destinar o tempo necessário para a correção de defeitos no jogo [FLYNT; SALEM, 2004].

Contudo, para Flynt e Salem [2004], a chave dos problemas no cronograma dos projetos está no desbalanceamento entre qualidade, custo e oportunidades. Se um jogo é entregue dois meses após o lançamento de um similar de outra companhia, as chances de sucesso são diminuídas. Por outro lado, um jogo que é lançado antes de outro, com muitos defeitos, pode ter mais problemas do que o entregue mais tarde, com menos *bugs*.

Crunch Time

No basquetebol, *crunch time* é o termo que define os últimos minutos do jogo, quando ambas as equipes lutam ferozmente para atingir a vitória. Ele foi inventado na Nova Zelândia em 2004, a partir da combinação das frases *"show time"* e *"when it comes to the crunch"* [WIKIPEDIA, 2007b].

Na indústria de jogos, o termo é utilizado para os períodos de extrema sobrecarga de trabalho, tipicamente ocorrendo nas últimas semanas antes de marcos de validação e, principalmente, nas semanas que antecedem a data final de entrega do projeto. Nesses períodos, que costumam ser cíclicos, é comum uma jornada de trabalho de mais de 12 horas por dia, de seis a sete dias por semana, sem intervalos para descanso.

Apesar desse problema também estar presente em companhias tradicionais de software, Gershenfeld, Loparco e Barajas [2003] afirmam que a indústria de *games* passa com mais freqüência por períodos de *crunch time*. Esta afirmação pode ser confirmada por Hamann [2003], ao descrever sua experiência em um projeto:

> *"Em um jogo no qual trabalhei, um membro da equipe reclamou para o produtor que trabalhar 12 horas por dia, sete dias por semana durante vários meses estava sendo demais para ele. Perguntou, então, se não poderia ter pelo menos um fim de semana de folga. O produtor retrucou: "Isto é a indústria de jogos - crunch time é um fato da vida". A crença de que o crunch time é um fato da vida é o resultado de se seguir uma "religião irracional", o que torna este problema tão arraigado em nossa indústria".*

Gershenfeld, Loparco e Barajas [2003] comentam que períodos de *crunch time* podem até ser bons para pessoas solteiras ou ambiciosas, que fazem do trabalho o aspecto principal de suas vidas. Entretanto, eles afirmam que essa situação não é sustentável para pessoas que têm família ou querem manter um relacionamento sério. Por isso, sugerem a construção de cronogramas que contemplem um ritmo saudável de trabalho diário, defendendo que pessoas podem ser muito mais eficientes se trabalharem em uma jornada típica de oito horas.

Problemas tecnológicos

Como um artefato de software, todos os jogos são dependentes de tecnologia. Além disso, as tecnologias empregadas em jogos são tão avançadas que tornam as empresas de *games* as líderes na área de computação gráfica [COLLINS, 1998]. Entretanto, o componente tecnológico traz riscos aos projetos de jogos. Flynt e Salem [2004] descrevem o risco do uso de novas tecnologias, que muitas vezes acarretam em um grande esforço e um alto investimento de tempo para utilizá-las.

Freqüentemente, desenvolvedores imaginam que uma nova tecnologia permitirá uma redução no tempo de desenvolvimento do projeto. Contudo, o resultado pode ser o oposto [FLYNT; SALEM, 2004]. Como a equipe precisa aprender a nova tecnologia, esse aprendizado pode ocasionar um importante atraso no cronograma.

Segundo Gershenfeld, Loparco e Barajas [2003], geralmente os riscos tecnológicos são ainda mais altos quando a equipe está trabalhando em uma nova plataforma, que talvez nem tenha sido completamente entregue. O primeiro desses riscos é que nenhum desenvolvedor jamais trabalhou nela. O segundo risco é que, muitas vezes, o próprio hardware da nova plataforma ainda contém problemas, que são encontrados somente pela equipe de desenvolvimento do *launch title*[8].

2.3.2   Problemas encontrados nos *postmortems*

Apesar da literatura especializada sobre desenvolvimento de jogos conter valiosas descrições acerca dos problemas dessa indústria, como vimos na seção 2.3.1, uma outra forma de levantarmos os problemas é através da leitura de *postmortems*. Sua leitura é mais profunda (contundente e específica, discutindo mais profundamente os problemas) e mais abrangente sobre os problemas do que relatos da literatura.

Por isso, descreveremos os principais problemas encontrados nos relatos de projetos, exemplificando-os através de citações, com o objetivo de definir e exemplificar os critérios de análise adotados para o levantamento descrito na seção 2.3.3. Ao todo, foram analisados 15 problemas, sendo estes os mais relevantes e recorrentes encontrados nos *postmortems*.

---

[8] *Launch title* é um jogo que é entregue ao mesmo tempo que a nova plataforma.

Escopo irreal ou ambicioso

Como não é de se surpreender, muitos *postmortems* relatam explicitamente o projeto como tendo um escopo irreal ou extremamente ambicioso. O projeto *Gabriel Knight 3* [BILAS, 2000], por exemplo, traz a seguinte sentença: *"... tínhamos um projeto extremamente ambicioso combinado com um time extremamente inexperiente"*.

Alguns projetos como *Command and Conquer: Tiberian Sun* [STOJSAVLJEVIC, 2000], *Vampire: The Masquerade* [HUEBNER, 2000b] e *The X-Files* [VANDENBERGHE, 1999] chegam a dedicar uma seção inteira para relatar esse problema. Huebner [2000b] comenta que *"... muitos dos membros da equipe queriam algum tempo para fazer um RPG[9] realmente enorme e ambicioso"*.

Já Stojsavljevic [2000] descreve em sua seção *"Expectativas irreais"*, que *"o grau de exagero e as expectativas do Tiberian Sun eram completamente desconcertantes."* Além disso, no projeto *Black & White*, Molyneux [2001] utiliza a expressão "insanamente ambicioso" em seu relato: *"... olhando para trás, não sabíamos se éramos insanamente ambiciosos, porque no tempo em que nós começamos, não poderíamos ter feito o que fizemos"*.

***Features* acrescidas tardiamente**

Um padrão interessante em vários projetos de jogos é como muitas *features* são acrescidas tardiamente, isto é, como novos módulos são acrescentados sem o devido planejamento, à medida que o software é construído. Esse problema é literalmente descrito no projeto *Vampire* [HUEBNER, 2000b]:

> *"Novas features do engine foram adicionadas muito tarde no cronograma para serem utilizadas completamente por projetistas e artistas. Isso aconteceu muitas vezes durante o Vampire. Alguns dos mais interessantes efeitos especiais, por exemplo, foram adicionados somente a poucas semanas antes da data de fechamento do projeto para os testes finais"*.

O mesmo também pôde ser constatado claramente em citações feitas por Reinhart [2000] para o jogo *Unreal Tournament*:

> *"... À medida que a quantidade de conteúdo crescia, logo nos demos conta de que tínhamos em nossas mãos um projeto muito maior do que tínhamos originalmente pensado. ... Unreal Tournament é um jogo muito divertido, com muitas features desenvolvidas em um curto período de tempo. Essas features foram amplamente adicionadas através de decisões improvisadas de última hora"*.

---

[9] Sigla para *Role-playing game*

Em vários relatos são encontradas frases como: *"Como nós realizamos isso tarde no projeto... "* [SMITH, 2001]; *"Humanos procrastinam. ...O áudio foi inserido no último momento... "* [SCHEIB, 2001] ou *"nós fomos capazes de incorporar várias features que originalmente não haviam sido planejadas para serem desenvolvidas"*.

No projeto *Draconus*, Fristrom [2000] relata sua experiência com este problema:

> *"Outro exemplo do planejamento pobre foi que a "mágica" havia sido acrescida tardiamente. Nós sabíamos que era necessária, mas foi deixada de lado devido a outras funcionalidades que sempre tinham maior pressão. Com isso, quando a "mágica" foi implementada, ela desbalanceou a jogabilidade de forma horrenda, necessitando muito mais trabalho não planejado para criar uma funcionalidade razoável".*

Features retiradas durante o desenvolvimento

Assim como as *features* são acrescidas tardiamente, outro problema freqüentemente citado é a retirada de *features* durante o processo de desenvolvimento. Pelo fato de os projetos iniciarem de forma ambiciosa, muitas funcionalidades são imaginadas e até mesmo implementadas, mas por diversos fatores acabam sendo retiradas em fases mais avançadas do projeto.

O caso típico é encontrado em *Rangers Lead the Way* [RIDGWAY, 2000], no qual as características iniciais do jogo foram modificadas para atender aos prazos e ao orçamento:

> *"Nós eliminamos a versão para Macintosh logo de saída e somente terminamos a versão alfa para Playstation... O suporte à rede foi postergado para um pacote de expansão... "*

Ou ainda relatado por Upton [2000]:

> *"Nossa resposta para a falta de recursos e um cronograma insuficiente foi cortar o módulo de rede do jogo. E ainda precisaríamos fazer cortes muito maiores".*

Um outro exemplo dessa situação está associado ao escopo irreal. O relato feito por [MALENFANT, 2000] para o jogo *Wild 9* retrata muito bem esta situação:

> *"...O material criado era suficiente para preencher três ou quatro jogos...Nós tínhamos, então, que encarar a situação para chegarmos ao final do projeto: não podíamos fazer tudo para esse jogo".*

Já no projeto *Tropico* [SMITH, 2001], esse problema ocorreu por um motivo diferente: a falta de espaço físico exigiu a retirada de *features*. Smith [2001] comenta a situação: *"... nós tínhamos que cortar features para criar espaço, features que poderiam ter potencializado o jogo".*

Problemas na fase de projeto

Embora a tarefa de projeto seja uma prática comum nos projetos de jogos, contemplada pelo *documento de projeto*, vários relatos afirmam que existem problemas nessa fase. O *postmortem* de *Wild 9* [MALENFANT, 2000] traz um testemunho emblemático:

> *"Muitas vezes, títulos são atrasados por certas lacunas no projeto original que não são reparadas. ... Um projeto completo nunca foi realmente posto no papel antes do desenvolvimento começar".*

Barrett et al. [2002] chegam a dedicar uma seção inteira ao problema, chamada de *"Design on the fly"*:

> *"Pelo fato de projetarmos o jogo para uma tecnologia, jogamos fora o documento de projeto tão rapidamente quanto ele foi escrito. A qualidade da arte teve de ser revisada, descartada e reconstruída do zero diversas vezes. ... Este é um cenário para o acréscimo de features tardiamente, um conjunto obsoleto de ferramentas e prazos extrapolados".*

Já Saladino [1999] relata como a situação oposta também pode ser problemática:

> *"Um exemplo interessante do problema oposto [a falta de projeto] ocorreu no nosso sistema de interface personalizado: tínhamos projeto em excesso. O código foi escrito por um programador com extensa experiência em projeto orientado a objetos para C++ e adorava usá-lo. Ele despendeu muitas semanas projetando e construindo um sistema de interface que foi extremamente ... bem ... projetado. Campos com dados privados foram colocados em cabeçalhos privados. O operador "const" foi utilizado em todos os lugares. Ponteiros para void escondiam estruturas internas de dados fazendo com que o processo de depuração fosse um pesadelo".*

Além disso, Saladino [1999] faz a seguinte recomendação:

> *"... Existem extremos em ambos os espectros do projeto e qualquer um deles pode ser seriamente perigoso para a produtividade. Tenha certeza de que está despendendo o tempo necessário para a fase de projeto".*

Atraso ou otimismo no cronograma

Vários projetos de jogos citam problemas de atraso no cronograma. Por exemplo, Ridgway [2000] descreve de forma direta o sentimento sobre o problema ocorrido no projeto *Rangers Lead the Way*: *"Nós aprendemos de uma forma dura o que é possível produzir em 15 meses; como resultado, nós completamos o jogo em 20 meses".*

Já Ragaini [2002] analisa mais profundamente o problema, descrevendo sua causa principal:

> *"Dependendo de quão longe se olhe para traz no cronograma, o atraso do Asheron's Call ficou em algo entre um e dois anos. . . . Datas limite foram constantemente ignoradas. Muito disso aconteceu simplesmente pela subestimação do tempo necessário para o desenvolvimento das tarefas. Isso criou um efeito dominó que continuamente se realimentava, pois tentávamos desesperadamente recuperar o tempo perdido".*

Também VandenBerghe [1999] descreve literalmente o problema: *"O mais severo golpe sofrido por todo o time foi ter aceitado um cronograma irreal".* Novamente o otimismo aparece como causa do problema, que pode ser percebido no depoimento de Fristrom [2000] para o projeto *Draconus*: *"Na minha experiência, editores adoram cronogramas extremamento otimistas".*

Problemas tecnológicos

Todos os problemas relacionados à tecnologia, como falhas em *Application Programming Interface* (API) de terceiros, na plataforma ou com o hardware foram classificados como problemas tecnológicos. Um exemplo típico foi o enfrentado no projeto *Age of Empires II: The Age of Kings* [PRITCHARD, 2000]:

> *"A API DirectPlay da Microsoft continha um número de defeitos que tornava-a distante da perfeição. . . Um cenário interessante aconteceu diversas vezes: quando tínhamos algum problema em uma funcionalidade e contatávamos a Microsoft para tentar resolvê-lo, descobríamos com o desenvolvedor da API que ela não estava funcionando devido a um bug no DirectPlay, já conhecido por eles, mas não documentado".*

Também o projeto *Operation Flashpoint* teve problemas com a mesma API:

> *"Infelizmente, nossa experiência com esta API foi extremamente ruim. Ter selecionado a Microsoft DirectPlay como nossa API de rede foi uma das mais infelizes decisões tomadas em todo o desenvolvimento do projeto".*

Entretanto, problemas mais prosaicos também são encontrados, como o que ocorreu no projeto *Draconus* [FRISTROM, 2000], com o compilador C: *"Nós perdemos muitas semanas batalhando para encontrar um compilador que pudesse atualmente compilar nosso código".*

O uso de componentes externos de terceiros, muitas vezes, acaba dificultando o processo de desenvolvimento. É o que relata Upton [2000]:

> *"Nossas soluções externas para renderização e rede não atenderam as expectativas e tiveram de ser substituídas por um código desenvolvido internamente em um momento tardio do ciclo de desenvolvimento. Poderíamos ter economizado dinheiro e muito atraso no projeto se construíssemos nossa própria tecnologia básica".*

Crunch Time

Como discutido na seção 2.3.1, o estado de *crunch time* foi encontrado em vários *postmortems*. Talvez o mais eloqüente depoimento sobre esse problema tenha sido feito por VandenBerghe [1999] para o projeto *The X-Files*:

> *"A idéia que permeava a equipe era que seria possível atender o cronograma original [irreal] se todos simplesmente trabalhassem mais horas. Enquanto o trabalho mais 'puxado' por umas poucas semanas ou poucos meses **é comum durante o final de um projeto técnico**, o regime de sete dias por semana e doze horas por dia adotado pelo time do The X-Files se prolongou por oito meses. Previsivelmente, a exaustão começou a degradar a habilidade do pessoal de produzir um trabalho de qualidade, sem citar os efeitos da profunda pressão sobre os membros da equipe e suas famílias. Em resumo, o crunch time diminuiu a velocidade do projeto, em muito pela impossibilidade dos desenvolvedores tomarem decisões de projeto claras e racionais devido à falta de sono. Para mim, a lição que fica disso é que, se o cronograma estiver atrasado, **a solução não é simplesmente aplicar mais trabalho**. O crunch time não necessariamente finaliza o projeto, e alguns dos estragos feitos no time devido ao excesso de stress, podem ser irreparáveis".*

A privação de sono também foi citada por Spanel e Spanel [2001] para o projeto *Operation Flashpoint* [SPANEL; SPANEL, 2001]:

> *"Após uma longa noite sem dormir, testando e corrigindo qualquer problema que aparecesse, tudo parecia bem e a maior parte da equipe finalmente pode ir dormir novamente".*

Já o projeto *Diablo* [SCHAEFER, 2000], mostra que experiências nem sempre geram ações melhores em projetos novos:

"O Diablo original foi lançado após quatro meses de um rigoroso crunch time. Assim, a única coisa que tínhamos certeza é que queríamos evitar outro período de crunch time como havíamos experimentado. Entretanto, o Diablo II foi lançado após 12 meses de um cruel período de crunch".

Falta de documentação

Mesmo muitos projetos terem relatado o sucesso em seu processo de documentação, principalmente baseado no *documento de projeto*, alguns relatos descrevem os problemas inerentes à falta de documentação, como foi descrito por Spanel e Spanel [2001] em *Operation Flashpoint*:

"A falta de documentação é uma aflição comum para muitos desenvolvedores de jogos, mas alguns aspectos deste problema foram tão severos em nosso caso que merecem ser destacados. Apesar de nunca acreditarmos muito no projeto do jogo em papel, o problema real foi que nunca tivemos uma documentação que mostrasse que o projeto estava sendo finalizado. Essa situação se mostrou um problema incrível nos estágios finais do desenvolvimento. Muitas tarefas só podiam ser feitas por uma pessoa específica do time. Em outros casos, horas foram despendidas tentado investigar o que uma certa funcionalidade significava. Com o crescimento do time, a falta de documentação se tornou um problema ainda mais sério".

Mesmo não tendo feito um documento de projeto, Reinhart [2000] defende a sua utilidade:

"Se tivéssemos desenvolvido um documento de projeto, nós só iríamos utilizá-lo com a compreensão de que poderia ser modificado a qualquer momento. Penso que existem bons motivos para se ter um guia central organizado com todas as idéias. Ter a possibilidade de sentar e olhar uma visão do projeto como um todo tem um grande valor".

Problemas de comunicação

Problemas de comunicação também são descritos nos *postmortems*, principalmente entre a equipe técnica e a de arte, como relatou Fristrom [2000] para o projeto *Draconus*: *"Os projetistas do jogo e os artistas realmente não se comunicavam no nível necessário para a criação do jogo".*

Outra situação interessante foi o relato dos problemas de comunicação entre a equipe e o editor na fase de controle de qualidade [RAGAINI, 2002]:

"A comunicação entre a Microsoft também foi um grande fator [para os problemas no cronograma do projeto]. Os times estavam separados por 3.000 milhas e três fusos horários. Apesar de uma teleconferência semanal estar agendada, faltava a mentalidade colaborativa necessária para a manutenção de um relacionamento bem-sucedido. As mensagens de correio eletrônico eram ignoradas ou tínhamos conversas telefônicas tensas. Em alguns casos, o banco de dados de defeitos não foi utilizado efetivamente. Claramente, todos teriam se beneficiado com uma equipe que trabalhasse frente a frente. Correio eletrônico e teleconferências são mídias pobres para gerenciar novos e sensíveis relacionamentos corporativos, especialmente entre companhias com culturas corporativas muito diferentes".

Problemas com ferramentas

Todos os problemas que envolvem ferramentas de software utilizadas para construir o jogo foram classificadas como problemas com ferramentas. Na elaboração de jogos, as ferramentas são elementos essenciais no processo de construção, permitindo à equipe elaborar partes do *game*, controlar o projeto ou gerar um versão para entrega.

O projeto *Diablo II* teve problemas com suas ferramentas [SCHAEFER, 2000]:

"A grande deficiência das nossas ferramentas foi que elas não operavam sem o engine do jogo. Nós devíamos ter criado ferramentas que nos permitissem criar o conteúdo sem a dependência do engine".

Já Fristrom [2000] relata, de forma dramática, como a falta de ferramentas eficazes pode ser problemática: *"O processo de criação do release era insano"*.

Os problemas com ferramentas, em alguns projetos, estavam relacionados com o processo de controle de versão, como foi descrito em *The X-Files* [VANDENBERGHE, 1999]:

"Nós utilizamos o SourceSafe 4.0 para o controle do código-fonte. Ele trabalhou eficientemente como banco de dados de código, mas foi uma escolha menos eficiente como sistema de controle de versão. Durante a geração da versão para PSX, perdemos todo o nosso histórico de revisões quando movemos o banco de dados de revisões de um servidor para outro. Felizmente, no fim das contas, acabou não atrapalhando muito o projeto."

Problemas na fase de teste

Os problemas na fase de testes foram identificados em alguns projetos, sendo que os relatos mais explícitos foram feitos por Bernstein [2002]: *"Se tivéssemos feito mais beta testes, com um grande grupo e o mais cedo possível, teríamos obtido o retorno necessário que nos ajudaria a discernir se estávamos no caminho errado"*; e por Upton [2000] para o *game Rainbow Six*:

> *"Nós tivemos sorte. Como resultado de nossa falta de planejamento, a única forma que tínhamos para terminar o jogo a tempo foi cortar profundamente no cronograma da fase de testes. Isso acarretou que encontramos novos bugs críticos uma semana antes da entrega. Se qualquer um deles tivesse exigido um processo de reengenharia para ser corrigido, poderíamos ter estado em um profundo problema."*

A insuficiência na fase de testes foi identificada por Meynink [2000] também como um problema associado a editores:

> *"Nunca subestime os seus testes e, mais importante, nunca deixe seu editor subestimar a fase de testes. ...No futuro, iremos ter certeza de que o plano de teste será explicitamente contratado e com tempo alocado no desenvolvimento".*

Montagem da equipe

Alguns relatos descrevem problemas encontrados na montagem de suas equipes, ocasionando problemas de comunicação e relacionamento. Um exemplo disso, foi o ocorrido em Wild 9 [MALENFANT, 2000], no qual o projeto chegou a ter duas equipes diferentes:

> *"O primeiro time do Wild 9 foi uma grande coleção de indivíduos talentosos, enquanto o segundo foi um time talentoso. O primeiro time trabalhava em uma atmosfera que não era perfeita, enquanto o segundo foi totalmente diferente. Nós descobrimos que comunicação e boa atmosfera foram dois fatores que moveram o projeto para frente".*

Outra situação inusitada foi descrita por Ridgway [2000] para o jogo *Rangers Lead the Way*:

> *"A última coisa que esperava era que pudesse ser difícil encontrar bons programadores em Seatle. Fui designado a iniciar o desenvolvimento do SpecOp e não gerenciei a entrada de programadores na equipe por, aproximadamente, sete meses. Não precisa dizer que isso causou um atraso substancial. Tivemos problemas similares na hora de empregar a equipe de arte".*

Uma característica essencial no desenvolvimento de jogos é a experiência da equipe. Ragaini [2002] descreve como montou sua equipe e o efeito dessas escolhas:

> *"Nenhum dos desenvolvedores sênior da Turbine tinha experiência em fazer jogos para PC. Muitos dos nossos empregados eram estudantes imediatamente saídos do ensino médio ou estudantes do ensino médio completando sua formação em um estágio. Isso obviamente foi a fonte de importantes problemas no desenvolvimento do Asheron's Call".*

Grande número de defeitos

Uma característica de alguns projetos foi o grande número de defeitos encontrados em alguma fase do desenvolvimento, sendo que o jogo *Draconus* [FRISTROM, 2000] relata esse problema explicitamente: *"A lista de bugs continha mais de 300 defeitos… "*.

Entretanto, o depoimento mais marcante desse problema foi feito por Molyneux [2001] para o jogo *Black & White*:

> *"Depois de uma bem merecida parada para o Natal, nos deparamos com mais de 3.000 bugs. Nós tínhamos seis meses para reduzí-los a zero, mas o que aconteceu durante a correção de bugs é que ao resolver um problema, criávamos três mais. Embora tenhamos trabalhado o mais duro possível, a sobrecarga fazia com que nos arrastássemos lentamente. Nós tínhamos uma lista de bugs circulando por todos os membros da equipe, colocada em um quadro na parede,e que era atualizada diariamente. Após alguns dias, nós tínhamos mais bugs que o dia anterior. A ironia foi que os últimos 10 bugs foram os mais duros de se corrigir, e cada um criou quatro a mais. Era como se o jogo não quisesse ser finalizado e perfeitamente construído".*

Perda de profissionais

Alguns comentam que um problema que afetou seriamente seus projetos foi a perda de profissionais. É o que relata Upton [2000] em seu projeto *Rainbow Six*:

> *"Perder um membro júnior de um time de desenvolvimento focado na entrega pode ser devastador. Quando nosso engenheiro líder ficou doente, em fevereiro de 1998, nós estávamos encarando uma séria crise".*

Esse problema também afligiu o projeto *Rangers Lead the Way* [RIDGWAY, 2000], só que, nesse caso, a perda foi na equipe de arte:

> *"Por volta do E3 de 1997, nosso líder de arte e artista sênior decidiu deixar a companhia. A sua perda naquele momento crítico foi realmente devastadora para o projeto".*

Orçamento extrapolado

A extrapolação do orçamento foi o problema menos citado, entretanto dois projetos explicitamente o referenciaram: *"... orçamento foi extrapolado em US$ 400.000 do que havia originalmente sido orçado para o projeto"* [FRISTROM, 2000].

Mas foi o projeto *Gabriel Knight 3* que teve o problema mais destacado, visto que a estimativa original era de ser desenvolvido com bem menos do que US$ 2 milhões, mas o orçamento final acabou em US$ 4,2 milhões [BILAS, 2000].

2.3.3   Análise dos *postmortems* e resultados da pesquisa

A indústria de *video games*, por sua competitividade e seu caráter corporativo, geralmente torna inacessível seus dados internos de projetos a pesquisadores [CALLELE; NEUFELD; SCHNEIDER, 2005]. Para contornar essa dificuldade, utilizou-se a análise de *postmortems*, descritos na seção 2.2, como fonte de observação.

Com o objetivo de levantar os problemas da indústria de jogos eletrônicos, foram analisados 20 *postmortems* publicados no *site* Gamasutra. O processo de análise ocorreu através da leitura detalhada dos relatos, extraindo as idéias que demonstram os problemas enfrentados pelas equipes durante o processo de desenvolvimento do jogo.

Apesar dos relatos apresentarem uma linguagem um tanto informal ou não conterem com um rigor metodológico que homogeneizasse os depoimentos, consideramos suas informações fidedignas para o escopo deste trabalho, das quais podemos identificar indícios de que os problemas extraídos são recorrentes entre vários projetos.

Os 20 *postmortems* analisados neste levantamento estão listados na tabela 2.3. A partir dela, é possível perceber que foram analisados projetos de vários tamanhos de equipe, orçamento e tempo de desenvolvimento, passando desde um projeto acadêmico executado por cinco pessoas, em quatro meses e sem orçamento, até projetos de grande porte, contando com mais de 60 profissionais, em mais de quatro anos de desenvolvimento, com um investimento de vários milhões de dólares. Também é importante destacar que todos os *postmortems* analisados foram de projetos finalizados, resultando em um jogo completo e entregue ao mercado, não tendo sido analisado nenhum relato de projeto cancelado ou encerrado sem um produto.

O processo de levantamento dos problemas deu-se em três etapas. Na primeira, cada *postmortem* foi lido e as citações que foram julgadas relevantes foram destacadas. Na segunda etapa, utilizando o estudo feito na seção 2.3.1, foram classificados os problemas a serem

Tabela 2.3: *Postmortems* analisados

Projeto	Equipe	Tempo de Desen- volvimento (Meses)
Beam Runner Hyper Cross	5	4
Dark Age of Camelot	25	18
Black & White	25	37
Rangers Lead the Way	13	20
Wild 9	18	NI
Trade Empires	9	15
Rainbow Six	22	24
The X-Files	36	48
Draconus	19	10
Cel Damage	16	24
Command and Conquer: Tiberian Sun	35	36
Asheron's Call Massive Multiplayer	60	48
Age of Empires II: The Age of Kings	40	24
Diablo II	40	36
Operation Flashpoint	10	48
Hidden Evil	22	12
Resident Evil 2	9	12
Vampire: The Masquerade	12	24
Unreal Tournament	16	18
Tropico	10	12

tabulados. Na terceira etapa, cada relato foi novamente lido, com especial atenção às passagens destacadas, tabulando cada citação encontrada segundo a classificação feita anteriormente. O resultado final dessa tabulação produziu a tabela 2.4.

Nessa tabela, aos problemas foram reservadas as colunas e os jogos foram arranjados nas linhas. Assim, para cada *postmortem* foi executado o estudo em cada um dos 15 problemas discutidos na seção 2.3.2. Cada problema encontrado foi marcado com "Sim". Este valor só foi atribuído a problemas **explicitamente** mencionados pelo autor do relato, como se pode identificar nos exemplos descritos na seção 2.3.2. Para os problemas que não foram mencionados pelo autor ou explicitamente citados que não ocorreram, foi atribuído o valor "Não". Cabe ressaltar que, se a um certo problema foi atribuído esse valor, não significa, necessariamente, que o problema não tenha ocorrido, mas sim que ele pode ter sido considerado irrelevante pelo autor do *postmortem* durante a elaboração do seu relato.

Para que pudéssemos, de alguma forma, quantificar os problemas encontrados nos *postmortems*, o número de ocorrências de "Sim" foi contabilizado tanto em termos das linhas quanto das colunas. Com isso, a quantidade de "Sim" encontrada nas linhas representa quantos tipos diferentes de problemas um certo jogo apresentou. Já a quantidade contabilizada nas

Tabela 2.4: Ocorrência de problemas nos projetos

Jogo	Escopo irreal ou ambicioso	Features acrescidas tardiamente	Features retiradas durante o desenvolvimento	Problemas de projeto	Atraso ou otimismo no Cronograma	Problemas Tecnológicos	Crunch Time	Falta de Documentação	Problemas de Comunicação	Problemas com Ferramentas	Problemas na fase de teste	Problemas na montagem da equipe	Grande número de defeitos	Perda de Profissionais	Orçamento Extrapolado	Total	% de problemas encontrados no projeto
Beam Runner Hyper Cross	Não	Sim	Sim	Sim	Não	Não	Sim	Sim	Não	Não	Não	Não	Sim	Não	Sim	7	46,7%
Gabriel Knights	Sim	Sim	Sim	Não	Sim	Sim	Sim	Não	Sim	Sim	Sim	Sim	Sim	Sim	Sim	13	86,7%
Black & White	Sim	Sim	Sim	Sim	Sim	Sim	Sim	Não	Não	Sim	Não	Não	Sim	Não	Não	9	60,0%
Rangers Lead the Way	Sim	Sim	Sim	Sim	Sim	Não	Não	Não	Não	Não	Não	Sim	Não	Sim	Não	7	46,7%
Wild 9	Sim	Sim	Sim	Não	Não	Sim	Não	Sim	Sim	Não	Não	Sim	Não	Sim	Não	8	53,3%
Tirade Empires	Não	Sim	Sim	Sim	Não	Não	Não	Não	Não	Não	Sim	Não	Não	Não	Não	4	26,7%
Rainbow Six	Sim	Sim	Não	Sim	Sim	Sim	Sim	Sim	Não	Sim	Sim	Sim	Não	Sim	Não	11	73,3%
The X-Files	Sim	Não	Não	Sim	Sim	Sim	Sim	Não	Não	Não	Não	Não	Sim	Não	Não	6	40,0%
Draconus	Sim	Sim	Sim	Sim	Sim	Sim	Sim	Não	Sim	Sim	Sim	Não	Sim	Não	Sim	12	80,0%
Cel Damage	Não	Sim	Sim	Sim	Não	Não	Não	Não	Não	Não	Não	Não	Não	Não	Não	3	20,0%
Command and Conquer: Tiberian Sun	Sim	Sim	Sim	Não	Não	Sim	Não	Sim	Não	Não	Não	Não	Não	Não	Não	5	33,3%
Asheron's Call	Sim	Sim	Sim	Não	Sim	Sim	Não	Não	Não	Não	Sim	Sim	Não	Não	Não	7	46,7%
Age of Empires II: The Age of Kings	Sim	Não	Não	Não	Sim	Sim	Sim	Não	Sim	Não	Não	Não	Não	Não	Não	5	33,3%
Diablo II	Sim	Não	Não	Não	Sim	Não	Sim	Não	Não	Sim	Não	Não	Não	Sim	Não	5	33,3%
Operation Flashpoint	Sim	Sim	Sim	Não	Sim	Sim	Sim	Sim	Sim	Não	Sim	Sim	Sim	Não	Sim	12	80,0%
Hidden Evil	Sim	Não	Sim	Sim	Sim	Não	Não	Não	Não	Sim	Não	Não	Não	Não	Não	5	33,3%
Resident Evil 2	Sim	Não	Não	Sim	Sim	Sim	Não	Não	Não	Sim	Sim	Não	Não	Não	Não	6	40,0%
Vampire: The Masquerade	Sim	Sim	Sim	Sim	Não	Sim	Não	Sim	Sim	Não	Não	Não	Não	Não	Não	7	46,7%
Unreal Tournament	Não	Sim	Não	Sim	Sim	Não	Não	Sim	Sim	Não	Não	Sim	Não	Não	Sim	7	46,7%
Tropico	Não	Sim	Sim	Sim	Não	Não	Não	Sim	Não	Não	Não	Não	Não	Não	Não	4	26,7%
Ocorrências	15	15	14	13	13	12	9	8	7	7	7	7	6	5	5	143	7,2
%	75%	75%	70%	65%	65%	60%	45%	40%	35%	35%	35%	35%	30%	25%	25%	47,7%	47,7%

colunas representa o número de ocorrências desse problema no conjunto de jogos analisados. A contabilização das colunas, que pode ser vista na penúltima linha, propiciou que a tabela fosse organizada em ordem decrescente de ocorrências. A última linha contém o percentual de ocorrências em relação ao número de projetos estudados.

Quando analisamos atentamente esses resultados, vemos que os problemas mais citados foram **escopo irreal ou ambicioso** e *features* **acrescidas tardiamente**, com **75% (15 em 20)** dos projetos relatando esses dois problemas. Em seguida, demonstrando a coerência dos relatos, com 70% dos projetos citando-o (14 em 20), vem a **retirada de features durante o desenvolvimento**. Ainda nesse contexto, os outros dois problemas mais encontrados foram **problemas na fase de projeto** e **atraso ou otimismo no cronograma**, com 65%. Também os **problemas tecnológicos**, com 60% (12 em 20) podem ser destacados. A figura 2.2 apresenta o histograma de ocorrência dos problemas em ordem decrescente, no qual se pode fazer uma comparação gráfica desses resultados.

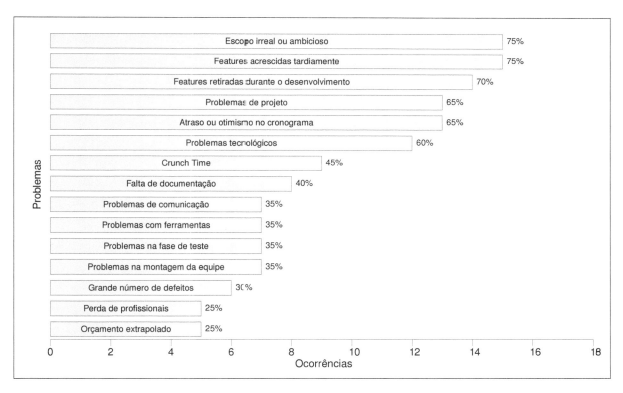

Figura 2.2: Ocorrências de problemas

Apesar desses resultados talvez não serem surpreendentes, mostram que provavelmente o otimismo e a ingenuidade na definição do escopo, assim como na estimação do esforço necessário à execução das tarefas, são fatores determinantes na ocorrência da maioria dos problemas.

Talvez o resultado mais surpreende tenha sido que problemas ditos "universais" na indústria de jogos, como o ***crunch time*** e o **orçamento extrapolado**, tiveram uma taxa de ocorrência relativamente baixa, sendo que, para o *crunch time*, somente 45% (9 em 20) dos projetos relataram esse problema. Já os problemas **orçamento extrapolado** e **perda de profissionais** tiveram **a menor incidência entre todos os problemas analisados**, com uma taxa de somente **25% (5 em 20)**.

Por outro ponto de vista, se agruparmos essa contabilização pelos problemas, contando, por exemplo, que dois problemas foram citados 15 vezes, podemos construir a tabela 2.5, na qual é possível perceber o grau de diversidade de problemas sofridos pelos jogos.

Ao analisarmos mais atentamente a tabela 2.5, veremos que a maioria dos problemas foram citados por somente sete e oito projetos (5 problemas em 15), mostrando que, apesar da grande diversidade de problemas encontrados nos projetos, a maioria não foi encontrada simultaneamente em vários relatos. Somente dois problemas foram relatados em 15 projetos e três foram relatados por 13 e 14 projetos, mostrando que poucos problemas são recorrentes. Além disso, todos os problemas foram encontrados em mais de um projeto, sendo que os três menos freqüentes foram relatados somente cinco vezes. Tudo isso pode ser analisado graficamente através da figura 2.3.

Tabela 2.5: Número de ocorrências por problema

Número de ocorrências	Problemas
4 e 6	3
7 e 8	5
9 e 10	1
11 e 12	1
13 e 14	3
15 e 16	2

Olhando ainda pelo mesmo ponto de vista, mais um dado interessante surge: **a média da diversidade de problemas é menor do que 50% (47,7%) ou menor do que 10 ocorrências em 20 projetos (9,53 de média, com desvio padrão 3,70)**. Isso significa que a maioria (a média mais ou menos um desvio padrão) dos problemas, foram citados entre 6 e 13 vezes entre 20 projetos analisados.

Se analisarmos novamente as linhas da tabela 2.4, nas quais vemos os problemas encontrados em cada projeto, totalizados na penúltima coluna da tabela, nos damos conta de que, em geral, a maioria dos projetos (15 em 20) tiveram oito ou menos problemas relatados, dos 15 analisados. Na tabela 2.6 esse dados podem ser melhor observados.

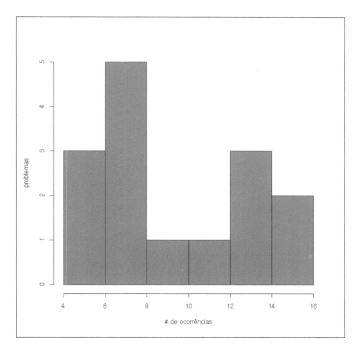

Figura 2.3: Histograma de ocorrências por problema

Somente quatro projetos tiveram mais de 10 problemas simultaneamente, e somente um projeto teve mais de 13 problemas. O histograma da figura 2.4, que agrupa a quantidade de problemas encontrados pelo número de projetos, facilita essas comparações.

Tabela 2.6: Número de ocorrências de problemas por projeto

Número de ocorrências	Projetos
2 e 4	3
5 e 6	6
7 e 8	6
9 e 10	1
11 e 12	3
13 e 14	1

Se calcularmos a média do número de problemas dos projetos, veremos que é de 7,15 problemas, com desvio padrão de 2,89. Isso significa que a maioria tem entre 4 e 10 problemas simultaneamente, sendo que a média é aproximadamente a **metade** dos problemas analisados (7 em 15). Esse resultado inesperado talvez possa desfazer um pouco a visão pessimista de alguns autores, como Bethke [2003] e Flood [2003] sobre a indústria de jogos.

2.3.4   Comparativo entre a indústria tradicional e a de jogos eletrônicos

Apesar de ser especial, em última instância, desenvolver jogos é desenvolver software [BETHKE, 2003; GERSHENFELD; LOPARCO; BARAJAS, 2003]. A afirmação insinua que

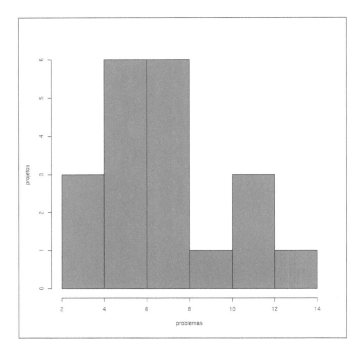

Figura 2.4: Histograma de ocorrência dos problemas

é possível compararmos, também em termos dos seus problemas, o desenvolvimento de *games* com a indústria tradicional de software.

A fim de elaborarmos essa comparação, podemos nos valer do levantamento dos problemas feito na seção 2.1 e nos resultados dos estudos realizados nas seções 2.3.1 e 2.3.3.

Se comparamos inicialmente esses dois estudos, veremos que, de fato, **todos os principais problemas da indústria tradicional de software são encontrados também na indústria de jogos**. Ao associarmos as informações contidas nas figuras 2.1 e 2.2, constamos que os principais problemas estão relacionados. Em ambos os estudos, o escopo irreal foi destacado, assim como os problemas com o levantamento de requisitos. Também Charette [2005] destaca que os objetivos irreais e requisitos mal definidos estão entre os principais problemas, reforçando as similaridades.

Ao compilarmos algumas estatísticas[10] de problemas feitas por Standish Group [1995] e Charette [2005] sobre o desenvolvimento de sistemas de informação e os resultados sobre o desenvolvimento de jogos, a partir do levantamento dos *postmortems* feito na seção anterior, podemos construir a tabela 2.7, na qual vemos o percentual de projetos que tiveram esses problemas, lado a lado.

---

[10] Infelizmente, só foi possível comparar esses três problemas, pois faltam estatísticas sobre a indústria tradicional de software que façam um levantamento com o grau de detalhamento que foi feito neste trabalho sobre a indústria de jogos.

Assim, comparando os resultados, podemos constatar ainda melhor as similaridades de alguns problemas encontrados. É possível notar que o atraso no cronograma e os problemas com requisitos têm resultados relativamente iguais. Já a extrapolação do orçamento teve uma discrepância considerável, provavelmente pelo espírito dos autores dos *postmortems*, que enfatizam mais aspectos tecnológicos e de gerenciamento, não dando tanta importância aos aspectos financeiros.

Tabela 2.7: Comparação de estatísticas da indústria tradicional e de jogos eletrônicos

Problema	Indústria Tradicional	Indústria de Jogos
Atraso ou otimismo no cronograma	77%	65%
Orçamento Extrapolado	85%	25%
Features retiradas durante o desenvolvimento	92%	70%

Entretanto, de todos os problemas, o que realmente é quase universal, tanto em sistemas de informação quanto em projetos de jogos, é o escopo irreal ou o otimismo exagerado. Com um percentual de 75% dos projetos de jogos analisados e claramente destacado por Yourdon [2003], Brooks [1995a] e DeMarco e Lister [2003][11], apesar de não ser surpreendente, mostram explicitamente que o otimismo e a ingenuidade na definição do escopo, assim como na estimação do esforço necessário à execução das tarefas, são fatores determinantes na ocorrência da maioria dos problemas nas duas indústrias. Além disso, ambas as indústrias sofrem da atitude maquiavélica dos gerentes *seniors* e editores de jogos. Por essas razões, tanto a indústria tradicional quanto a de jogos não sofrem essencialmente de problemas tecnológicos, mas sim de problemas sociológicos.

Essas similaridades fazem com que Bethke [2003] afirme literalmente:

"Esses problemas são mais abrangentes que a indústria de jogos. Projetos de software, em geral, são cronicamente falhos. A razão para isso é que o desenvolvimento de jogos é parte de uma indústria maior, a de desenvolvimento de software, que é um ramo imaturo das disciplinas de engenharia. O processo de especificar software, o processo de criar software e o processo de testar software, além do aprimoramento do nível de habilidades dos programadores, ainda precisam ser estabelecidos!"

Em termos das diferenças entre as duas indústrias, talvez um importante problema, específico da indústria de jogos, seja a comunicação entre as equipes [CALLELE; NEUFELD; SCHNEIDER, 2005]. Na engenharia de software tradicional, a equipe costuma ser relativamente homogênea, formada basicamente de técnicos com especialidades associadas à

---

[11] Para mais detalhes veja a seção 2.1.2.

tecnologia da informação. Já na indústria de *video games*, pelo fato de ser uma atividade eminentemente multidisciplinar, agrega pessoas com perfis nitidamente distintos, como artistas plásticos, músicos, roteiristas e engenheiros de software. Essa mescla, apesar de positiva no sentido de tornar o ambiente de trabalho mais criativo, parece produzir uma verdadeira cisão na equipe, sendo nitidamente dividida em "os artistas" e "os programadores" [CALLELE; NEUFELD; SCHNEIDER, 2005]. Essa divisão, que basicamente não existe na indústria de software tradicional, causa importantes problemas de comunicação [FLYNT; SALEM, 2004], visto que ambas as equipes acreditam comunicar-se de forma clara ao utilizarem seu linguajar específico e ao expressarem suas idéias, o que é uma importante fonte de desentendimento [CALLELE; NEUFELD; SCHNEIDER, 2005].

Outra diferença importante, resultando em dificuldades para a indústria de jogos, é de como criar a "diversão" e o "fascínio" [BETHKE, 2003; CALLELE; NEUFELD; SCHNEIDER, 2005]. Na indústria tradicional de sistemas de informação, por mais bem feitos e ergonômicos que sejam os softwares, eles não têm o objetivo de divertir ou produzir prazer aos seus usuários. Ainda assim, o levantamento de requisitos de sistemas de informação é uma tarefa complexa [PRESSMAN, 2006].

Já a elaboração dos requisitos de um jogo é ainda muito mais complexa, pois elementos subjetivos como a "diversão" não contam com métodos eficazes para sua determinação, a ponto de Callele, Neufeld e Schneider [2005] identificarem que é necessário estender as técnicas tradicionais de engenharia de requisitos para suportar o processo criativo do desenvolvimento de jogos eletrônicos.

3 DESENVOLVIMENTO ÁGIL DE SOFTWARE

Este capítulo apresenta, de forma sucinta, o que é o desenvolvimento ágil de software. A seção 3.1 define o desenvolvimento ágil e a 3.2 apresenta o Manifesto Ágil. As seções seguintes trazem os principais métodos ágeis que serão utilizados ao longo deste trabalho: Desenvolvimento Enxuto de Software, Scrum, Programação Extrema e Modelagem Ágil. Finalmente, as seções 4.4 e 4.5 apresentam algumas experiências acadêmicas e empresariais, além de propostas para a utilização de práticas ágeis no desenvolvimento de jogos eletrônicos.

3.1 Definição

O desenvolvimento ágil de software é um conjunto de metodologias para o desenvolvimento de software que promove adaptação, fortalecimento do trabalho em equipe, auto-organização, entregas rápidas de alta qualidade e adoção de boas práticas, alinhando o desenvolvimento com as necessidades das empresas. Acima de tudo, a proposta do desenvolvimento ágil é aumentar a capacidade de criar e responder às mudanças, reconhecendo que está nas pessoas o elemento primário para guiar um projeto ao sucesso [??MARCHESI et al., 2002].

Um aspecto importante do desenvolvimento ágil está na visão que organizações são sistemas complexos adaptativos. Esses sistemas são descentralizados, nos quais indivíduos independentes utilizam formas de interação auto-organizáveis, guiados por um conjunto de regras simples, para criar inovação através de resultados emergentes [??].

Uma metáfora interessante sobre agilidade foi feita por Marchesi et al. [2002], propondo um paralelo com as bandas de jazz, segundo a qual a improvisação é que cria as ótimas bandas, a partir de poucas regras estruturais. Através de uma fundamentação sólida, elas têm à disposição uma flexibilidade extraordinária, sem permitir que a música descambe para o caos.

Como no jazz, ser ágil significa confiar em alguém mais pela sua capacidade de reação do que pela sua capacidade de planejar. A abordagem ágil combina ciclos iterativos curtos com a priorização dinâmica das funcionalidades. A priorização dinâmica significa que, no final de cada iteração, o cliente pode repriorizar as funcionalidades desejadas para o próximo ciclo, descartando funcionalidades originalmente planejadas ou adicionando novas [**??**].

3.2   O Manifesto Ágil

Com o objetivo de propor uma mudança essencial para enfrentar os desafios encontrados no desenvolvimento de software, um grupo de 17 metodologistas formou a *Agile Software Alliance*, que em fevereiro de 2001, formulou um conjunto de princípios que define critérios para processos de desenvolvimento ágil de software. Estes princípios são [AGILE ALLIANCE, 2006]:

- Nossa maior prioridade é satisfazer ao cliente mediante entregas de software de valor em tempo hábil e continuamente.

- Receber bem mudanças de requisitos, mesmo em uma fase mais avançada do desenvolvimento. Os processos ágeis direcionam as mudanças para obter vantagens competitivas ao cliente.

- Entregar softwares em funcionamento com freqüência de algumas semanas a alguns meses, de preferência na menor escala de tempo.

- As equipes de negócio e de desenvolvimento devem trabalhar juntas durante todo o tempo.

- Construir projetos ao redor de indivíduos motivados. Dê-lhes o ambiente, o apoio e a confiança para realizar o trabalho.

- O método mais eficiente de levar informações para uma equipe de desenvolvimento, fazendo-as circular, é através da conversa face a face.

- Ter o software funcionando é a principal medida de progresso.

- Processos ágeis promovem o desenvolvimento sustentável. Os patrocinadores, desenvolvedores e usuários devem ser capazes de manter um ritmo constante, indefinidamente.

- Atenção contínua à excelência técnica e a um bom projeto aumentam a agilidade.

- Simplicidade - a arte de maximizar a quantidade de trabalho não-realizado - é essencial.

- As melhores arquiteturas, requisitos e projetos provêm de equipes organizadas.

- Em intervalos regulares, a equipe deve refletir sobre como se tornar mais eficaz e adaptar seu comportamento.

Esses princípios foram então condensados, formando o Manifesto Ágil [AGILE ALLIANCE, 2006]:

> "Estamos descobrindo maneiras melhores de desenvolver software, fazendo-o nós mesmos e ajudando outros a fazê-lo. Através desse trabalho, passamos a valorizar:
>
> - Indivíduos e interação mais que processos e ferramentas;
> - Software em funcionamento mais que documentação abrangente;
> - Colaboração com o cliente mais que negociação de contratos;
> - Responder a mudanças mais que seguir um plano.
>
> Ou seja, mesmo havendo valor nos itens à direita, valorizamos mais os itens à esquerda."

3.3 Desenvolvimento Enxuto de Software

O Desenvolvimento Enxuto de Software é uma adaptação dos princípios e práticas do Sistema de Produção da Toyota para o domínio de desenvolvimento de software, apresentando um conjunto de ferramentas baseadas no pensamento enxuto e que são úteis na compreensão do desenvolvimento ágil de software [WIKIPEDIA, 2008b; POPPENDIECK; POPPENDIECK, 2003]. A partir do trabalho de Poppendieck e Poppendieck [2003], os conceitos do desenvolvimento enxuto vem sendo amplamente aceitos pela Comunidade Ágil [WIKIPEDIA, 2008b].

O início do pensamento enxuto se deu quando Poppendieck e Poppendieck [2003] observaram que algumas práticas consideradas padrão no desenvolvimento de software já haviam sido abandonadas há muito tempo em outras disciplinas. Abordagens consagradas no desenvolvimento de produtos, como engenharia concorrente, não eram ainda consideradas no desenvolvimento de software.

A relutância no uso das técnicas de desenvolvimento de produtos no desenvolvimento de software está no desafortunado uso de metáforas das áreas de manufatura e engenharia civil, misturando resultados; pela ingenuidade de compreender a verdadeira natureza dessas disciplinas e uma falha no reconhecimento dos limites dessas metáforas. O desenvolvimento de software é similar ao desenvolvimento de produtos e a indústria de software pode aprender muito ao examinar como a abordagem das mudanças durante o desenvolvimento de produtos pode induzir o aprimoramento do processo de desenvolvimento. A metáfora da produção enxuta é boa para o desenvolvimento de software, se for aplicada com o espírito do pensamento enxuto [POPPENDIECK; POPPENDIECK, 2003].

No desenvolvimento de software tradicional alguns conceitos de manufatura foram aplicados, como a mentalidade de "faça certo da primeira fez". Essa mentalidade produziu uma profunda lacuna na compreensão do como os princípios enxutos trabalham. Os princípios da eliminação do desperdício, a potencialização dos trabalhadores da linha de frente, a resposta imediata as solicitações dos clientes e a otimização da entrega de valor são fundamentais para o pensamento enxuto. Quando aplicados ao desenvolvimento de software, esses conceitos provêem um arcabouço para o aperfeiçoamento do desenvolvimento de software.

Os princípios do desenvolvimento enxuto de software convergem para as idéias do Extreme Programming e Scrum, tendo sido compreendidas e aprovados em muitas disciplinas fora da indústria de software. Além disso, foram comprovados na indústria automotiva, que tem projetos tão complexos quando os de desenvolvimento de software. Nas seções seguintes iremos discutir os sete princípios do desenvolvimento enxuto.

3.3.1 Elimine o desperdício

O desperdício é qualquer coisa que não adiciona valor perceptível pelo cliente ao produto. No pensamento enxuto, o desperdício é um grande obstáculo. Se em um ciclo de desenvolvimento foram coletados requisitos que o cliente não solicitou, isto é um desperdício; se um desenvolvedor codificou mais funcionalidades que as necessárias imediatamente, isto é um desperdício.

3.3.2 Amplifique a aprendizagem

O desenvolvimento é um processo de descobertas. Desenvolvimento é como criar a receita, enquanto produção é como fazer o prato. O desenvolvimento de software pode ser melhor expressado como um processo de aprendizagem, ao qual é adicionado a cada momento um novo desafio, maior e mais complexo, à equipe. A melhor abordagem para aprimorar o ambiente de desenvolvimento de software é amplificando o processo de aprendizagem.

3.3.3   Decida o mais tarde possível

As práticas de desenvolvimento que promovem a tomada de decisões o mais tarde possível são efetivas em domínios que envolvem incertezas, provendo uma abordagem baseada em alternativas. Frente as incertezas, muitos mercados desenvolvem opções para dar aos seus investidores caminhos que evitem a tomada de decisões até que o futuro esteja fechado e mais fácil de predizer.

Dar o devido intervalo para a tomada de decisões é importante, pois decisões melhores podem ser tomadas quando são baseadas em fatos, não em especulações. Num mercado em evolução, manter as decisões de projeto em aberto é mais interessante do que tomá-las cedo demais.

Uma forma de minimizar os grandes prejuízos causados por uma mudança durante a fase final de produção é tomar as decisões de projeto "certas" o mais cedo possível, evitando a necessidade de mudanças mais tarde. Esta é a abordagem de Detroit. Toyota e Honda descobriram uma forma diferente para evitar os prejuízos decorrentes da tomada de decisões incorretas: não tomam decisões irreversíveis no primeiro momento; atrasam o máximo possível e quando eles as tomam, decidem com as melhores informações disponíveis para tomá-las corretamente. Este princípio é muito similar ao pensamento por detrás da manufatora *just-in-time*, preconizada pela Toyota: não decida o que fabricar até que tenha um pedido do cliente; quando recebê-lo, faça-o o mais rápido possível.

3.3.4   Entregue o mais rápido possível

Até pouco tempo, o desenvolvimento rápido de software não era valorizado [POPPEN-DIECK; POPPENDIECK, 2003]; tomar todos os cuidados, com a idéia de "software zero defeito" se mostrava mais importante. Esse pensamento é mais um da lista dos mitos a serem derrubados [POPPENDIECK; POPPENDIECK, 2003]. O desenvolvimento rápido tem muitas vantagens. Sem velocidade, não se pode atrasar as decisões. Sem velocidade não se tem um retorno confiável. Segundo Mary Poppendieck

> *"... A moral da história é que devemos encontrar uma maneira de entregar software tão rápido que nossos clientes não tenham tempo de mudar de idéia."*

3.3.5   Fortaleça a equipe

Ninguém entende melhor os detalhes do que as pessoas que fazem o trabalho. Envolver os desenvolvedores nos detalhes da tomada de decisões técnicas é fundamental para se alcançar a excelência. As pessoas da linha de frente combinam o conhecimento das decisões tomadas no último minuto com o poder de muitas mentes. Quando equipados com as habilidades necessárias e guiados por um líder, irão tomar decisões técnicas e de processo melhores do que qualquer outro poderia tomar.

Como as decisões são tomadas tardiamente e a execução deve ser rápida, não é possível ter uma autoridade central para orquestrar as atividades dos trabalhadores. Ao invés disso, as práticas enxutas adotam um conjunto de técnicas para programação do trabalho e dotam um local de mecanismos de acompanhamento do que deve ser feito.

No desenvolvimento enxuto de software, o mecanismo é um acordo de entregas de versões incrementalmente redefinido em intervalos regulares de trabalho no software. O acompanhamento é feito através de gráficos visíveis, reuniões diárias, integração freqüente e um amplo teste.

3.3.6   Construa com integridade

Um sistema é perceptivelmente íntegro quando o usuário pensa: "Sim, era exatamente isso que eu queria. Alguém leu meus pensamentos!". A integridade conceitual significa que os conceitos centrais do sistema trabalham juntos e sintonizados, em um todo coeso. Isso é um fator crítico para que se crie a percepção de integridade.

Contudo, softwares necessitam de um nível adicional de integridade: devem manter a sua utilidade ao longo do tempo. É usualmente esperado que um software evolua elegantemente, adaptando-se ao futuro. Um software íntegro tem uma arquitetura coerente, adaptável, extensível e de manutenção simples.

3.3.7   Veja o todo

A integridade em sistemas complexos requer habilidades profundas em diversas áreas. Um dos problemas mais difíceis de se tratar é que especialistas em qualquer área (por exemplo, banco de dados ou rede) têm a tendência de maximizar o desempenho da parte do produto ao qual representa a sua própria especialidade, ao invés de focar no desempenho do sistema como um todo. Quando indivíduos ou organizações são medidas pelas suas contribuições especializadas, em detrimento do desempenho global, o resultado típico é a sub-otimização.

Esse problema costuma ser mais proeminente quando duas organizações são contratadas por uma terceira, visto que naturalmente tenderão a maximizar o desempenho da sua própria empresa. É desafiador implementar práticas que evitem a sub-otimização em uma grande organização e é de uma magnitude ainda maior quando contratos estão envolvidos.

3.4 Scrum

O Scrum é um processo ágil que pode ser usado para gerenciar e controlar o desenvolvimento de softwares e produtos complexos[1], utilizando práticas iterativas e incrementais. Ele provê um *framework* de gerenciamento de projetos que foca em ciclos curtos e completos de desenvolvimento (*Sprints*) [HIGHSMITH, 2002].

A idéia central do Scrum está no processo iterativo. Basicamente, a equipe analisa os requisitos, avalia as tecnologias disponíveis, contabiliza suas próprias habilidades e capacidades. Os clientes e técnicos definem, em conjunto, que funcionalidades serão desenvolvidas, modificando-as diariamente ao se depararem com novas funcionalidades e mudanças de requisitos [SCHWABER, 2004].

O Scrum não é um processo prescritivo; não descreve o que deve ser feito a cada circunstância, sendo usado em trabalhos complexos, nos quais é impossível de se predizer todas as coisas que podem acontecer. A premissa é que vivemos em um mundo complexo, no qual não se pode planejar definitivamente o que será entregue, quando será entregue, com qual qualidade e custo [HIGHSMITH, 2002]. Entretanto, é possível, através de um processo empírico, explicitamente monitorar e gerenciar o trabalho com mecanismos de avaliação constantes.

Segundo Ken Schwaber, um dos idealizadores do Scrum [HIGHSMITH, 2002]:

> *"Gerentes de projetos e desenvolvedores são forçados a viver uma mentira e ter de fingir que podem planejar, predizer e entregar."*

Os princípios-chave do Scrum são [SCHWABER, 2004]:

- formar equipes pequenas de trabalho que maximizem a comunicação, compartilhando conhecimentos e minimizando o desperdício;

---

[1] As práticas do Scrum foram utilizadas na elaboração desta dissertação, tendo suas tarefas divididas e estimadas, além de todo o projeto ter sido acompanhado com o gráfico de *burndown*. Talvez o mais importante e motivador nesse caso seja a visão concreta da evolução do projeto. Acredito que essas práticas funcionam muito bem para a gerência de projeto científicos.

- adaptar-se às mudanças do negócio e às questões tecnológicas, assegurando que o melhor produto seja entregue;

- entregas freqüentes de produtos de software, que possam ser inspecionados, testados e ajustados;

- particionar o trabalho em pacotes claros e com baixo acoplamento;

- ter a habilidade de declarar que um produto está "feito" sempre que for necessário;

O ciclo de vida do processo Scrum é desenvolvido em iterações de 30 dias, chamadas *sprints* [HIGHSMITH, 2002], como mostra a figura 3.1. Em uma reunião de planejamento, que inclui o dono do produto, a equipe de desenvolvimento e o ScrumMaster, é definido o *sprint backlog*. Nessa reunião, o dono do produto define que funcionalidades serão entregues no próximo ciclo e a equipe determina quais são as tarefas a serem realizadas.

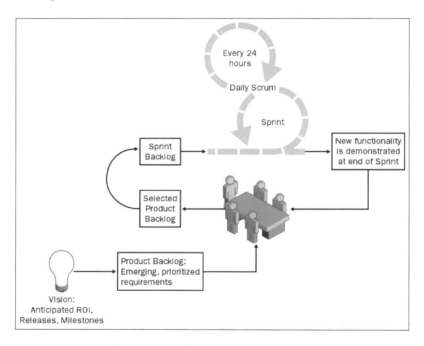

Figura 3.1: O Processo do Scrum

As regras de um *sprint* são simples [HIGHSMITH, 2002]: os membros da equipe assumem e realizam as tarefas, reportando os resultados diariamente em uma reunião rápida de acompanhamento do projeto. No final do *sprint* é realizada uma reunião de apresentação das funcionalidades implementadas e o processo de trabalho é avaliado.

O processo Scrum tem poucos artefatos: o *backlog* do produto, o gráfico *burndown* e o *sprint backlog*. O *backlog* do produto é a lista dos requisitos do sistema que está sendo desenvolvido. O dono do produto é responsável por seu conteúdo, por priorizá-lo e disponibilizá-lo. O *backlog* do produto nunca está completo e, enquanto o produto existir, o *backlog* do produto também existirá. Ele é dinâmico, sendo constantemente modificado para identificar as necessidades do software, mantendo-o útil e competitivo.

O gráfico de *burndown* apresenta a quantidade de trabalho que resta ser feito ao longo do tempo. Ele é uma poderosa ferramenta para o acompanhamento do progresso da equipe na realização do projeto [HIGHSMITH, 2002]. No gráfico, é plotado no eixo horizontal os dias e no eixo vertical horas ou pontos por estória [KNIBERG, 2007]. No dia zero se tem o máximo de trabalho a ser realizado; ao final de 30 dias, o trabalho remanescente deve ser zero. Todos os dias o gráfico é atualizado com a quantidade de trabalho que foi realizado no dia anterior. A figura 3.2 apresenta um exemplo de gráfico *burndown*.

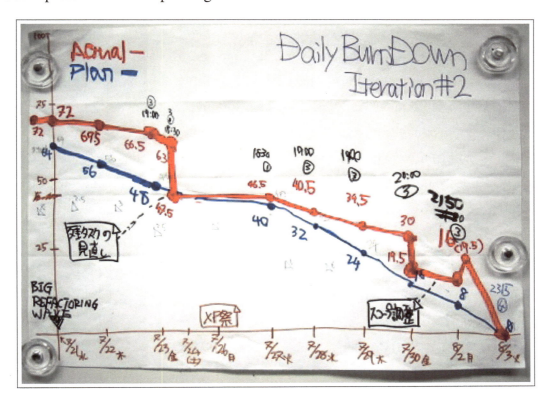

Figura 3.2: Gráfico de burndown

O *sprint backlog* define as tarefas, a partir do *backlog* do produto, que serão implementadas para a próxima entrega. As tarefas são compiladas em uma lista, na segunda parte do reunião de planejamento do *sprint*. Somente a equipe de desenvolvimento pode modificar o *sprint backlog*.

O Scrum tem somente três papéis: o dono do produto, a equipe e o ScrumMaster. Todas as responsabilidades de gerenciamento são divididas entre os três papéis [SCHWABER, 2004]. O dono do produto é responsável por representar os interessados no projeto, definindo os requisitos, objetivos e planos de entrega; por priorizar as funcionalidade mais valiosas; e selecionar as que devem ser realizadas na próxima iteração.

No Scrum, a equipe é responsável por desenvolver as funcionalidades, de forma auto-gerenciável, auto-organizável e multifuncional. A equipe também é responsável pelo sucesso de cada iteração e do projeto como um todo.

O ScrumMaster é responsável pelo processo, ensinando o Scrum para todos os envolvidos no projeto, garantindo que as regras propostas sejam seguidas. Também é responsável pelo aculturamento do processo na organização, apresentando os benefícios dos resultados alcançados.

3.5 Programação Extrema

A Programação Extrema (do inglês *eXtreme Programming*), ou simplesmente XP, é uma metodologia ágil para equipes pequenas ou médias, que desenvolvem software com requisitos vagos e em constante mudança. Para isso, adota a estratégia de acompanhamento constante e realização de vários pequenos ajustes durante o desenvolvimento de software. O XP é, provavelmente, a mais conhecida e controvertida[2] das metodologias ágeis de desenvolvimento [MISIC, 2006], dando ênfase à programação. Nele, as tarefas são focadas para, segundo Jeffries, Anderson e Hendrickson [2001], o artefato mais crítico do desenvolvimento de software: o código-fonte.

Para Beck [1999], o XP é uma forma leve, eficiente, de baixo risco, flexível, científica e divertida de se desenvolver software. Além disso, uma das idéias centrais da Programação Extrema é fazer hoje somente o que é necessário para hoje [MARCHESI et al., 2002].

No desenvolvimento de software, o escopo é a mais importante variável a ser controlada e uma das mais poderosas decisões de gerenciamento de projeto é diminuir o escopo [BECK, 1999]. No XP, dentre as variáveis controladas em projetos (custo, tempo, qualidade e escopo), há um foco explícito no escopo. Para isso, recomenda a priorização de funcionalidades que representem maior valor possível para o negócio. Dessa forma, caso seja necessária a diminuição do escopo, as funcionalidades menos valiosas são adiadas ou canceladas.

3.5.1 Valores

A Programação Extrema é formada por cinco valores [BECK, 1999]:

---

[2] Em muitas partes deste trabalho, apresentamos argumentos que justificam a utilização dos métodos ágeis. Entretanto, McBreen [2002] dedicou uma obra inteira para criticar o *eXtreme Programming*, quase sempre de forma irônica. Mesmo não concordando com os argumentos expostos e acreditando que o autor investiu uma quantidade muito grande de tempo e energia com o intuito de criticar, ao invés de propor algo novo, penso que seja sempre importante analisarmos todas as linhas de pensamente.

- **Comunicação:** o XP defende que a comunicação ocorra da forma mais direta e eficaz possível, oferecendo agilidade aos assuntos tratados. Recomenda o contato direto (face a face) entre clientes e desenvolvedores, para se evitar qualquer tipo de especulação ou mal-entendido entre as partes, sendo que possíveis dúvidas possam ser sanadas imediatamente.

- **Simplicidade:** executar o trabalho da forma mais simples possível. O desenvolvedor deve implementar apenas o necessário para que o cliente tenha seu pedido atendido. Os requisitos devem evoluir gradativamente em conjunto com o sistema e a arquitetura do projeto.

- **Retorno:** ao receber o software desenvolvido, o cliente conduz o projeto, estabelecendo prioridades e informando aquilo que é realmente importante. De forma análoga, o desenvolvedor aponta riscos, estimativas e as alternativas de projeto.

- **Coragem:** como as práticas do XP contrariam as premissas tradicionais do desenvolvimento de software, as equipes que adotam a Programação Extrema precisam de coragem para enfrentar a resistência a mudanças e ao ceticismo. Mudar uma cultura arraigada exige coragem e perseverança.

- **Respeito:** é o mais básico de todos os valores. Se ele não existir em um projeto, não há nada que possa salvá-lo. Saber ouvir, saber compreender e respeitar o ponto de vista do outro é essencial para que um projeto de software seja bem-sucedido.

3.5.2 Práticas

Para aplicar os valores e princípios durante o desenvolvimento de software, o XP propõe uma série de práticas [WAKE, 2001]:

- Práticas de Programação: projeto simples, desenvolvimento guiado por teste, refatoração e padrões de programação;

- Práticas de Equipe: posse coletiva, integração contínua, metáfora, ritmo sustentável, programação em pares e entregas curtas;

- Práticas de Processo: cliente presente e jogo do planejamento.

Segundo Beck [1999], a força dessas práticas não está na sua utilização isolada, mas sim na sinergia entre elas, na qual os pontos fracos de cada uma são superados pelos pontos fortes das outras.

3.5.3   Papéis do XP

O programador é o coração do XP [BECK, 1999]. Ele tem o papel de analisar, projetar, testar, programar e integrar o sistema [JEFFRIES; ANDERSON; HENDRICKSON, 2001]. Também são atribuições do programador [WAKE, 2001; JEFFRIES; ANDERSON; HENDRICKSON, 2001]:

- estimar o tempo necessário para adicionar uma funcionalidade;

- explanar as consequências das escolhas técnicas, cabendo ao cliente tomar as decisões;

- definir como a equipe irá trabalhar;

- elaborar o cronograma em cada iteração.

O cliente é a outra metade essencial na dualidade do XP. O programador sabe como programar. O cliente sabe o que programar. Ser um cliente XP não é fácil [BECK, 1999]. Ele é responsável por escrever boas estórias, modificar as regras de negócio, a tecnologia, a composição e a capacidade da equipe. Todas essas decisões produzem um imenso impacto no software que será entregue [BECK, 1999].

As pessoas no papel de cliente escolhem o que é mais valioso para o negócio, o que deve ser feito primeiro e o que deve ser postergado. Finalmente, elas especificam os testes que mostram se as estórias foram corretamente implementadas [JEFFRIES; ANDERSON; HENDRICKSON, 2001].

Já o testador é responsável pelo teste de aceitação, buscando perceber as inconsistências entre as necessidade do cliente e o software implementado [CRISPIN; HOUSE, 2003]. Também é sua responsabilidade ajudar o cliente a escolher e escrever os testes funcionais, rodá-los e apresentar os resultados em um local visível, caso os testes funcionais não estejam no processo de integração.

Outros papéis do XP são do treinador, que é responsável pelo processo como um todo, garantindo a aplicação dos princípios e das práticas; do *tracker* , que acompanha e coleta das métricas do projeto; e do consultor, que resolve problemas sofisticados e de difícil resolução [WAKE, 2001].

3.6   Modelagem Ágil

A Modelagem Ágil (MA) é uma metodologia baseada na prática para modelagem e documentação eficazes de sistemas de software, sendo composta por uma coleção de valores, princípios e práticas, derivados do eXtreme Programming [BECK, 1999], que podem ser aplicadas no dia-a-dia do desenvolvimento de uma maneira leve e eficaz [AMBLER, 2004, 2006]. Ela mistura o "caos" de práticas simples de modelagem com a ordem inerente a artefatos de modelagem de software.

Por não ser um processo prescritivo, não normatiza procedimentos detalhados ou roteiros de trabalho. Ao invés disso, fornece conselhos de como trabalhar de forma eficaz, tornando-se um modelador ágil [3].

A MA tem três objetivos:

1. Definir e mostrar como colocar em prática um conjunto de valores, princípios e práticas relativas a uma modelagem eficaz e leve, tornando a MA uma catalisadora de melhorias.

2. Aplicar técnicas de modelagem em projetos de software que adotam uma perspectiva ágil.

3. Melhorar as atividades de modelagem adotando uma perspectiva "quase ágil" para projetos que se baseiam em processos prescritivos, como o *Rational Unified Process* (RUP), beneficiando-se de muitas das práticas de MA.

O escopo da MA pode ser descrito como [AMBLER, 2004]:

- **A MA não é um processo completo de software:** a MA é um suplemento dos métodos existentes, melhorando o trabalho de modelagem em projetos que seguem metodologias ágeis, podendo ser utilizando também em processos prescritivos. Seu foco é a modelagem e a documentação eficazes, não cobrindo atividades como programação, teste ou gerenciamento de projetos. Ela deve ser utilizada com processos básicos como XP ou RUP, ou mesmo em um processo próprio, que pode usar as melhores características de um conjunto de processos de software, como pode ser visto na figura 3.3.

---

[3]   Ambler [AMBLER, 2004] define **modelador ágil** como sendo qualquer um que siga a metodologia MA. Já um **desenvolvedor ágil** é definido como sendo um indivíduo que adota uma perspectiva ágil de desenvolvimento de software. Segundo ele, todo o modelador ágil é um desenvolvedor ágil, mas nem todo o desenvolvedor ágil é um modelador ágil. Por isso, segundo [AMBLER, 2004], neste trabalho o termo "modelador ágil" será utilizando para indicar uma atividade pertinente a alguém que adote uma perspectiva de modelagem ágil. Já o termo mais genérico "desenvolvedor ágil" será utilizando para discutir uma atividade que não seja pertinente à MA, mas ao desenvolvimento ágil de software de modo geral. Assim, quando um desenvolvedor ágil faz algo, os modeladores ágeis também o fazem.

- **A MA é uma atitude, não um processo prescritivo:** A MA descreve um estilo de modelagem que, quando usado corretamente em ambientes ágeis, resulta em softwares de melhor qualidade e de desenvolvimento mais rápido, ao mesmo tempo em que evita simplificações excessivas e expectativas não-realistas.

- **A MA é uma maneira de trabalhar em equipe:** Na MA, desenvolvedores ágeis e clientes trabalham juntos na mesma equipe, buscando os objetivos dos clientes, que exercem papel direto e ativo no desenvolvimento do sistema.

- **A MA não é um ataque a documentação:** Os modeladores ágeis criam documentação que maximiza seu investimento na criação e manutenção. A documentação ágil é tão simples quanto possível, tão mínima quanto possível, tem um propósito distinto e um público definido, cujas necessidades são conhecidas.

- **A MA não é um ataque às ferramentas CASE:** Os modeladores ágeis usam ferramentas que agregam valor, usando as ferramentas mais simples e que ajudem a torná-los mais eficazes.

Figura 3.3: MA aperfeiçoa outros processos

A modelagem é uma tarefa importante no processo de desenvolvimento de software [AMBLER, 2001], criando estruturas que organizam a lógica do sistema, sendo parte fundamental e tarefa diária do XP [BECK, 1999]. Para isso, existe uma ampla gama de técnicas que devem ser conhecidas e aplicadas eficazmente. **Modelos não matam projetos, pessoas matam projetos** [YOURDON, 2003; AMBLER, 2001]. Entretanto, é importante ressaltar que a construção de modelos não é o propósito de um projeto de software [AGILE ALLIANCE, 2006; COCKBURN, 2000], mas sim entregá-lo, sendo que qualquer outra atividade, tende a ser secundária.

3.6.1 Valores

A metodologia eXtreme Programming é fundamentada sobre valores, estabelecendo os critérios que nos orientam para a direção correta [BECK, 1999]. Da mesma forma, a MA foi baseada em torno de valores, adotando os quatro valores originais do XP, e acrescido de um quinto: a humildade.

Assim, os cinco valores da Modelagem Ágil são:

- **Comunicação:** uma das principais razões para modelar é ajudar na comunicação. Modelos promovem a comunicação entre os participantes do projeto, ajudando a apresentar idéias e intercambiá-las, com o objetivo final de atingir um entendimento comum. Para tanto, é necessário selecionar os elementos mais significativos e desconsiderar os menos importantes [AMBLER, 2004; FOWLER, 2001].

- **Simplicidade:** no contexto da MA (e do XP), simplicidade tem, pelo menos, duas características [HIGHSMITH, 2002]: não antecipar requisitos futuros e facilitar as mudanças. É melhor fazer coisas simples hoje e investir um pouco mais amanhã para modificar o software se necessário, do que construir coisas mais complicadas hoje que talvez jamais sejam usadas [BECK, 1999]. Complicações comuns em projetos são a aplicação de padrões complexos cedo demais, criação de arquiteturas em excesso para que os sistemas suportem possíveis requisitos futuros ou desenvolver infra-estruturas complexas [AMBLER, 2004]. O fundamental é manter os modelos tão simples quanto possível e modelar apenas para satisfazer às necessidades presentes [FOWLER, 2001]. Além disso, modelos ajudam a simplificar o desenvolvimento de software, pois é muito mais fácil explorá-lo através de diagramas do que percorrer centenas de linhas de código [AMBLER, 2004].

- **Retorno:** somente estabelecendo uma relação de retorno é possível determinar se o trabalho está correto. O retorno pode ser obtido desenvolvendo os modelos em equipe, revisando-os com seu público-alvo, implementando na forma de software ou aplicando testes de aceitação. É importante destacar que quanto mais rápido for o retorno, maior será a possibilidade do modelo se aproximar das necessidades reais [AMBLER, 2004].

- **Coragem:** Como todo o processo inovador, a MA desafia o *status quo* no desenvolvimento de software [AMBLER, 2004]. É necessário coragem para enfrentar a resistência a mudanças, mantendo uma estratégia ágil quando as coisas ficam difíceis. Também é necessário ter coragem para mudar de direção quando algumas das decisões se mostrarem inadequadas, descartando ou refazendo o trabalho, confiando que os problemas que surgirem no futuro poderão ser superados.

- **Humildade:** Os melhores desenvolvedores devem ter a humildade para reconhecer que não sabem tudo e que, de fato, todos os participantes do projeto também têm suas próprias experiências e podem contribuir para o projeto. Todos têm igual valor e devem ser tratados com respeito. A arrogância leva a problemas de comunicação, que por sua vez, desmotivam as pessoas a colaborar [AMBLER, 2004].

A chave para se ter sucesso na modelagem é ter uma comunicação efetiva entre todos os envolvidos no projeto; buscar a solução mais simples possível que atenda às necessidades, obtendo retorno do trabalho com freqüência e o mais cedo possível; ter coragem para tomar e revisar decisões; ter a humildade de admitir que não se sabe tudo e que todos os participantes do projeto têm valor a agregar.

4 ENGENHARIA DE SOFTWARE E A INDÚSTRIA DE JOGOS ELETRÔNICOS

A indústria de jogos pode beneficiar-se tremendamente ao adquirir os conhecimentos da engenharia de software, permitindo que os desenvolvedores utilizem práticas sólidas e comprovadas [FLYNT; SALEM, 2004]. Segundo Flynt e Salem [2004], o claro entendimento das ferramentas disponíveis e como aplicá-las pode potencializar os resultados no desenvolvimento de jogos.

O objetivo deste capítulo é apresentar alguns desses conhecimentos, servindo de arcabouço para as comparações feitas na seção ?? e no capítulo 6. Para isso, na 4.1, é feito um estudo sobre o processo tradicional adotado no desenvolvimento de jogos.

Na seção 4.2, discorremos sobre as boas práticas de engenharia de software encontradas no processo de desenvolvimento de jogos eletrônicos, a partir da análise de *postmortems*. Finalmente, a seção apresenta 4.4 algumas experiências acadêmicas e empresariais, além de propostas para a utilização de práticas ágeis no desenvolvimento de jogos eletrônicos.

4.1   O processo tradicional de desenvolvimento de jogos

Ao longo dos anos, alguns autores (especialmente Bethke [2003][1], Flynt e Salem [2004] e Crawford [1984]), têm influenciado profundamente o processo de desenvolvimento de jogos. Segundo Flood [2003], é possível identificar um ciclo comum de desenvolvimento em várias equipes: o modelo em cascata [PRESSMAN, 2006] adaptado à produção de jogos.

---

[1]   É interessante que Bethke [2003] chega ao ponto de adaptar um teste de sobrevivência de projetos, proposto Steve McConnell em seu *Software Project Survival Guide*, para projetos de jogos, sem levar em conta as especificidades da indústria, sugerindo de forma linear a adotação de documentos, planos e visões detalhadas sobre o projeto do jogo.

Em especial, duas etapas deste modelo podem ser apresentadas em destaque: a definição das regras do jogo e a produção do **Documento do Jogo** ou **Documento de Projeto**. Essas etapas contêm as características particulares ao desenvolvimento de jogos e sua importância é fundamental dentro do ciclo de desenvolvimento.

4.1.1　Definição das regras do jogo

Para Sikora [2002] e Cook [2001] jogos eletrônicos não têm requisitos, mas regras. Assim, as regras de um jogo determinam o comportamento e a interação entre os agentes que habitam o seu ambiente.

De fato, o projeto de um jogo nada mais é do que a criação de um conjunto de regras [COOK, 2001], normalmente definidas em um processo informal, envolvendo todos os membros da equipe de desenvolvimento [SCHAEFER, 2000].

4.1.2　O Documento de Projeto

O Documento de Projeto (*Design Document*) é a principal, muitas vezes a única, documentação de um jogo. Seu objetivo é descrever e detalhar a mecânica do jogo, isto é, o que o jogador é capaz de fazer dentro do ambiente do jogo, como ele é capaz de fazê-lo e como isso pode levar a uma experiência satisfatória. O documento também costuma incluir os principais componentes da história e descreve os cenários no qual o jogo é ambientado, dando suporte à descrição das ações do jogador. Muitos desenvolvedores se referem a ele como especificação funcional, utilizando-o como base para o projeto de arquitetura [ROUSE, 2001].

A criação de um Documento de Projeto sólido é vista, tradicionalmente, como o passo mais importante no desenvolvimento de um jogo. As dificuldades na criação desse documento são provocadas, principalmente, pela natureza da tarefa e pelas ferramentas usadas na sua concepção, não sendo possível, por exemplo, documentar a "diversão" [MCSHAFFRY, 2003]. A equipe de desenvolvimento pode usar sua experiência e intuição na definição da mecânica do jogo, mas a qualidade do entretenimento, proporcionado pelo jogo, só poderá ser avaliada nos estágios de teste. Essa é uma das razões pela qual McShaffry [2003] defende a criação de Documentos de Projeto que descrevam apenas as linhas gerais da jogabilidade; uma vez aceito que o principal objetivo do jogo não pode ser planejado, os esforços devem ser concentrados na definição da jogabilidade em alto nível e na implementação do ambiente, possibilitando a sua avaliação.

A modelagem de jogos não evoluiu nos últimos anos e continua baseada em técnicas narrativas, como roteiros e *storyboards*, emprestadas de outros meios de entretenimento, como o cinema [KREIMEIER, 2002]. Alguns autores argumentam que não existe um esforço para o desenvolvimento de técnicas adaptadas ao tipo de desafios que os jogos apresentam.

A idealização de um jogo também pode contar com um nível de abstração maior, organizado no Documento de Conceito ou Proposta (*Concept Document* ou *Proposal*). Esse documento pode analisar aspectos como mercado, orçamento, cronograma, tecnologias, estilo de arte, perfil do grupo de desenvolvimento e alguma descrição em alto nível da jogabilidade. No entanto, a elaboração o Documento de Conceito não é comum a todos os projetos [ROUSE, 2001].

4.1.3 O processo em cascata na produção de jogos

O processo de desenvolvimento mais usado na produção de jogos é baseado no modelo em cascata [RUCKER, 2002]. Esse processo é composto de fases que são executadas seqüencialmente, na qual cada uma gera um produto e é independente das demais. As características inerentes à produção de jogos exigem algumas adaptações ao processo clássico, que podem ser visualizadas na figura 4.1.

As atividades encontradas no desenvolvimento de jogos, seguindo a proposta de Flood [2003], são:

- **Concepção:** é a atividade de idealização do jogo, na qual o grupo de desenvolvimento define como o jogo deve ser. O produto deste estágio é o Documento de Conceito do Jogo. Segundo Flood [2003] e Rouse [2001], a concepção deve abranger um escopo maior do que apenas a definição das regras de jogo, avaliando aspectos como mercado, público-alvo e objetivos do projeto.

- **Especificação do Jogo:** estágio de especificação, em linhas gerais, da mecânica do jogo, no qual é produzido o Documento de Projeto.

- **Definição do Roteiro e Estilo de Arte:** o roteiro descreve o fluxo do jogo, isto é, como o jogador irá alcançar seu objetivo e como este será expresso ao longo dos vários cenários do jogo. A definição da arte especifica os estilos que serão usados, as ferramentas para criação e os modelos escolhidos para validar o estilo. Ainda que esses estágios sejam normalmente mostrados como atividades separadas, a forte conexão entre o roteiro e o tipo de arte a ser empregada no jogo permite a sua descrição como um item único.

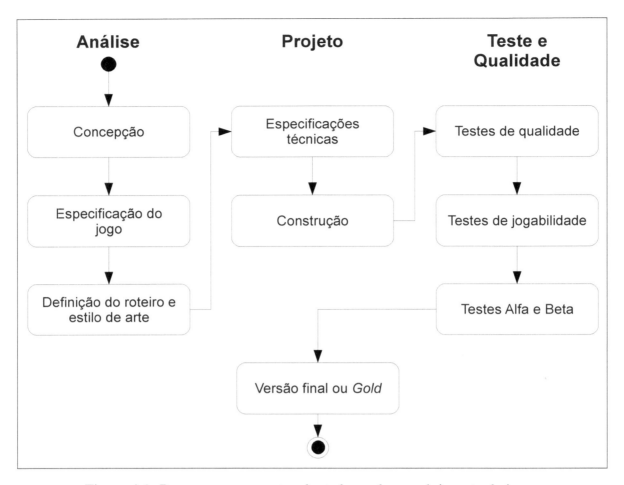

Figura 4.1: Processo em cascata adaptado ao desenvolvimento de jogos

- **Especificações Técnicas:** é definida detalhadamente a arquitetura do jogo, assim como a interação entre os seus principais elementos (arte, som e código). São definidas as ferramentas de desenvolvimento e as tecnologias gráficas que serão utilizadas, determinando qual a plataforma exigida para a execução do software.

- **Construção:** é a atividade de implementação do jogo. As equipes de arte, som e codificação interagem continuamente para o desenvolvimento das primeiras versões do ambiente do jogo, guiadas pela documentação produzida nos passos anteriores.

- **Teste de Qualidade:** o objetivo da atividade de teste de qualidade é a análise do jogo construído em relação às regras e documentos gerados anteriores. O resultado dessa análise é reportado para as equipes de desenvolvimento, que respondem através da remoção dos erros e da adição ou exclusão de funcionalidades do ambiente. Alguns autores defendem a adoção de um ciclo entre a Construção e o Teste de Qualidade, até que o sistema atinja um nível de qualidade satisfatório [SCHAEFER, 2000; RUCKER, 2002; ROOKE, 2003]. Essa modificação leva a um ciclo de desenvolvimento chamado *Staged Delivery Model*.

- **Teste de Jogabilidade:** o produto do estágio de Teste de Qualidade é uma versão pronta para testes de jogabilidade, na qual são demonstradas as características do jogo para grupos de usuários. O objetivo das seções de demonstração é validar ou criticar a mecânica do jogo, indicando as mudanças cosméticas ou mesmo estruturais do projeto. Nesse estágio, é possível a adoção de um ciclo com a atividade de Construção. Dessa forma, as sugestões e críticas dos usuários podem ser encaminhadas diretamente aos desenvolvedores.

- **Teste Alfa:** o produto do estágio de Teste de Jogabilidade é um jogo que atende (e possivelmente extrapola) as especificações do Documento de Projeto. Nesse momento, o jogo está pronto para testes com uma audiência maior, composta por usuários selecionados que têm algum conhecimento do projeto. Embora algumas das alterações sugeridas pelos usuários nesse processo possam ser substanciais, espera-se que nenhuma mudança significativa deva ser realizada no projeto.

- **Teste Beta:** nessa atividade o jogo está pronto para testes com uma audiência maior, que detém pouco ou nenhum conhecimento sobre o projeto. O objetivo desse estágio é medir a receptividade dos usuários ao jogo, além de detectar eventuais problemas que possam ocorrer.

- **Versão final ou *Gold*:** no momento em que as principais alterações sugeridas pelos usuários no estágio de Teste Beta foram incorporadas ao jogo, o produto está pronto para ser entregue ao público em geral.

Alguns autores argumentam que o modelo em cascata, apesar de servir como denominador comum entre os ciclos existentes, **não pode ser aplicado integralmente**. As características inerentes a um jogo, como a dinâmica do *design* ou dificuldades no planejamento da jogabilidade, tornam difícil - ou mesmo impossível - especificar completamente um jogo sem escrever nenhum código, isto é, sem ter nenhuma versão do sistema no qual o projeto possa ser testado. Isso resulta em ciclos de desenvolvimento que envolvem laços entre os estágios de Especificação do Jogo e os processos de teste. Rucker [2002] cita um ciclo de desenvolvimento incremental, o *Staged Delivery Model*, como uma alternativa ao modelo em cascata.

No *Staged Delivery Model*, o produto das atividades de análise é organizado de forma a dividir o jogo entre vários níveis, nos quais cada nível é uma versão do jogo que pode ser testada. Ao término de cada nível, a equipe de desenvolvimento pode ter uma resposta direta das equipes de teste, aplicando as alterações ao projeto do jogo. O objetivo desse processo é avaliar constantemente o projeto e a implementação do jogo, para evitar as mudanças significativas no produto que podem ocorrer quando as fases de teste são aplicadas tardiamente. Intuitivamente, pode-se argumentar que esta seria uma razão suficiente para a adoção deste ciclo de desenvolvimento para a produção de jogos, o que não ocorre no mercado atual.

4.2 Boas práticas na indústria de jogos eletrônicos

Na indústria tradicional de software, inúmeras obras tratam das boas práticas de engenharia de software [PRESSMAN, 2006; SOMMERVILLE, 2001; TSUI; KARAM, 2007; PETRILLO; GOMIDE; SILVA, 2003]. Contudo, será que essas práticas também são encontradas no desenvolvimento de jogos eletrônicos? Quais são as práticas mais destacadas? Com que freqüência essas práticas são encontradas nos projetos de jogos? Que práticas são encontradas em ambas as indústrias? Existiriam boas práticas encontradas somente no desenvolvimento de jogos?

Neste capítulo discutiremos tais questões, inicialmente levantando as boas práticas referenciadas na literatura especializada para o desenvolvimento de jogos. Com as práticas mapeadas, discutiremos como foram feitas as suas contabilizações nos *postmortems*, bem como analisaremos os resultados obtidos. Finalmente, traçaremos uma comparação entre as práticas adotadas na indústria tradicional de software e a de jogos eletrônicos.

4.2.1 Boas práticas encontradas na literatura especializada

A comunidade de desenvolvimento de jogos conta com uma vasta literatura especializada, principalmente no que tange a questões tecnológicas. Também a indústria tem uma série de títulos que descrevem e ensinam a trabalhar em uma empresa de jogos, como por exemplo, a obra de Gershenfeld, Loparco e Barajas [2003].

Entretanto, poucas são as obras de engenharia de software dedicadas à indústria de jogos eletrônicos, destacando-se, principalmente, as obras de Bethke [2003], Flynt e Salem [2004]. É interessante ressaltar que essas duas são eminentemente propagadoras da visão filosófica do processo em cascata de desenvolvimento, em especial a obra de Bethke [2003], uma das mais citadas pela comunidade de jogos, demonstrando a cultura arraigada aos processos prescritivos e não-iterativos. Nela, Bethke [2003] defende explicitamente a adoção de um subconjunto confortável de *Unified Software Development Process* como processo de desenvolvimento de jogos eletrônicos [BETHKE, 2003], pelo simples fato de ser um padrão da indústria de software.

Engenharia de requisitos e casos de uso

Um questão interessante, discutida por Callele, Neufeld e Schneider [2005], em um artigo sobre engenharia de requisitos na indústria de jogos, é se a engenharia de requisitos para essa indústria seria única. Analisando o artigo, vemos que é defendida a idéia de que se pode aprender muito com as pesquisas e práticas atuais da engenharia de requisitos e gerência de projetos [CALLELE; NEUFELD; SCHNEIDER, 2005], elencando as características significativas de projetos de jogos bem-sucedidos:

- suporte à comunicação intensa entre *stakeholders* e a equipe;

- manter-se focado no objetivo e resistir ao *feature creep*;

- priorização de tarefas;

- interação e integração entre mídia e tecnologia;

- importância aos requisitos não-funcionais;

- atenção aos requisitos de jogabilidade.

É interessante também a ênfase que Flynt e Salem [2004] atribuem à utilização de **casos de uso**, em especial, ao **diagrama de casos de uso** para a modelagem e mapeamento dos requisitos do jogo. Já Bethke [2003] sugere que, através de casos de uso, é possível modelar muitos aspectos como os personagens, suas regras e atividades que podem ser executadas no jogo.

Boas práticas de gerenciamento

Segundo Callele, Neufeld e Schneider [2005], a gerência de projetos é o fator de mais alta relevância para o sucesso ou fracasso no desenvolvimento de jogos, defendendo que as causas de falhas estão costumeiramente em problemas na passagem da fase de pré-produção para a de produção.

Outro aspecto ressaltado por Bethke [2003] é **a importância da visibilidade do progresso do projeto para a equipe**, definindo um axioma que somente tarefas visíveis serão completadas pela equipe de desenvolvimento [BETHKE, 2003]. Para isso, sugere **a divulgação diária da evolução do projeto**, através de algum mecanismo público, como uma intranet.

Um aspecto interessante é que, aproveitando o fato de que todos os desenvolvedores de jogos amam competir [BETHKE, 2003], é possível utilizar essa característica para, através da apresentação da evolução do projeto, criar um ambiente de disputa sadia entre equipes de desenvolvedores, possibilitando um aumento na motivação e produtividade [BETHKE, 2003][2].

Processo definido

Todas as empresas de jogos têm um processo de desenvolvimento, mesmo que não tenham conscientemente criado um [BETHKE, 2003]. O processo de desenvolvimento de um jogo **pode ser bem simples**, através da escrita **informal** de um esboço da interface principal do jogo em uma folha de papel e, incrementalmente, implementado uma nova *feature* a cada dia, até que o jogo se torno jogável. Segundo Bethke [2003], esse é o **processo** de desenvolvimento de algumas das companhias com **as mais altas taxas de lucratividades** da indústria de jogos.

Mas é Flood [2003] quem descreve sua experiência com o uso de um processo iterativo para o desenvolvimento de jogos. Ele defende que os processos iterativos herdam menos restrições que o processo em cascata, reconhecendo que novas idéias surgem durante o processo de desenvolvimento e precisam ser incorporadas ao produto. Em um jogo, o ciclo de realimentação criativa é um exemplo clássico da necessidade de colaboração freqüente e iterativa [FLOOD, 2003].

Integração contínua

Uma das mais básicas tarefas envolvidas na gerência de configuração de software é a criação de *scripts* que automatizem o processo de teste e a construção do jogo, em intervalos regulares durante os ciclos de desenvolvimento [FLYNT; SALEM, 2004]. Entretanto, segundo Frommhold e Röken [2005], um grande número de empresas de jogos faz testes manuais de seus softwares e raramente são adotados processos automatizados. Somente 18% das empresas declarem trabalhar com testes automáticos de software [FROMMHOLD; RöKEN, 2005].

Para Frommhold e Röken [2005], a introdução de testes automáticos ajuda os desenvolvedores a tornarem-se mais eficientes, escrevendo códigos mais estáveis e com uma capacidade maior de manutenção. Além disso, possibilitou a redução do esforço empregado em testes manuais, provendo um retorno rápido e criando um software melhor por eliminar defeitos que, de outra forma, só seriam encontrados em fases mais avançadas do projeto, provavelmente nos momentos mais críticos de pressão e sobrecarga do final do trabalho.

Uma questão importante é que, usualmente, a criação de testes automatizados significa investir esforço extra no começo do projeto, o qual é recompensado ao longo do seu

---

[2] Como veremos no capítulo 6, essa técnica foi utilizada durante o estudo de caso.

curso. Esses testes permitem que as mudanças no código existente, incluindo a correção de defeitos, potencialmente geradoras de novas quebras no código, sejam testadas em conjunto e automaticamente, quantas vezes for necessário. A utilização de **testes automáticos** encoraja os desenvolvedores a **refatorar e aperfeiçoar o código existente**, sendo que provê uma forma simples e rápida para validar se as modificações feitas no código foram executadas corretamente.

A integração contínua sozinha não torna o jogo um sucesso, mas torna a vida dos desenvolvedores, artistas, líderes de projetos e produtores mais fácil [FROMMHOLD; RöKEN, 2005].

4.3 Análise dos *postmortems* e resultados da pesquisa

A indústria de jogos eletrônicos, por sua competitividade e seu caráter corporativo, geralmente torna inacessível seus dados internos de projetos a pesquisadores [CALLELE; NEUFELD; SCHNEIDER, 2005]. Para contornar essa dificuldade, utilizou-se a análise de *postmortems* como fonte de observação.

Com o objetivo de levantar as boas práticas da indústria de jogos eletrônicos, foram analisados 20 *postmortems* publicados no *site* Gamasutra. O processo de análise ocorreu através da leitura detalhada dos relatos, extraindo as idéias que demonstram as boas práticas adotadas pelas equipes durante o processo de desenvolvimento do jogo.

Os 20 *postmortems* analisados neste levantamento estão listados na tabela 4.1. A partir dela, é possível perceber que foram analisados projetos de vários tamanhos de equipe, orçamento e tempo de desenvolvimento, passando desde um projeto acadêmico executado por cinco pessoas, em quatro meses e sem orçamento, até projetos de grande porte, contando com mais de 60 profissionais, em mais de quatro anos de desenvolvimento, com um investimento de vários milhões de dólares. Também é importante destacar que todos os *postmortems* analisados foram de projetos finalizados, resultando em um jogo completo e entregue ao mercado, não tendo sido analisado nenhum relato de projeto cancelado ou encerrado sem um produto.

O processo de levantamento das boas práticas deu-se em três etapas. Na primeira, cada *postmortem* foi lido e as citações julgadas relevantes foram destacadas. Na segunda etapa, utilizando o estudo feito na seção 4.2.1, foram classificadas as práticas a serem tabuladas. Na terceira etapa, cada relato foi novamente lido, com especial atenção às passagens destacadas, tabulando cada citação encontrada segundo a classificação feita anteriormente. O resultado final dessa tabulação produziu a tabela 4.2.

Tabela 4.1: *Postmortems* analisados

Projeto	Equipe	Tempo de Desenvolvimento (Meses)
Beam Runner Hyper Cross	5	4
Dark Age of Camelot	25	18
Black & Whire	25	37
Rangers Lead the Way	13	20
Wild 9	18	NI
Trade Empires	9	15
Rainbow Six	22	24
The X-Files	36	48
Draconus	19	10
Cel Damage	16	24
Command and Conquer: Tiberian Sun	35	36
Asheron's Call Massive Multiplayer	60	48
Age of Empires II: The Age of Kings	40	24
Diablo II	40	36
Operation Flashpoint	10	48
Hidden Evil	22	12
Resident Evil 2	9	12
Vampire: The Masquerade	12	24
Unreal Tournament	16	18
Tropico	10	12

Nessa tabela, às práticas foram reservadas as colunas e os jogos foram arranjados nas linhas. Assim, para cada *postmortem* foi executado o estudo para uma das 13 práticas analisadas.

Cada prática encontrada foi marcada com "Sim". Esse valor só foi atribuído às práticas **explicitamente** mencionadas pelo autor do relato. Para as práticas que não foram mencionadas pelo autor ou explicitamente citadas que não ocorreram, foi atribuído o valor "Não". Cabe ressaltar que, se a uma certa prática foi atribuído esse valor, não significa, necessariamente, que não tenha sido adotada, mas sim que ela pode ter sido considerada irrelevante pelo autor do *postmortem* durante a elaboração do seu relato.

Para que pudéssemos, de alguma forma, quantificar as práticas encontradas nos *postmortems*, o número de ocorrências de "Sim" foi contabilizado tanto em termos das linhas quanto das colunas. Com isso, a quantidade de "Sim" encontrada nas linhas representa quantos tipos diferentes de práticas um certo jogo apresentou. Já a quantidade contabilizada nas colunas representa o número de ocorrências dessa prática no conjunto de jogos analisados. A contabilização das colunas, que pode ser vista na penúltima linha, propiciou que a tabela fosse organizada em ordem decrescente de ocorrências. A última linha contém o percentual de ocorrências em relação ao número de projetos estudados.

Tabela 4.2: Ocorrência de boas práticas nos projetos

Jogo	Equipe Qualificada, Motivada ou Coesa	Crença no Sucesso do Projeto	Estímulo à Criatividade	Foco no Produto	Controle de Versão	Uso de Ferramentas Simples ou Produtivas	Boas Práticas de Programação	Modelagem Ágil	Processo Definido	Controle de Qualidade	Retorno Rápido ou Iterativo	Boas Práticas de Gerenciamento	Integração Contínua	Total	% de boas práticas encontradas no projeto
Beam Runner Hyper Cross	Sim	Sim	Sim	Sim	Sim	Sim	Sim	Sim	Sim	Não	Não	Não	Não	9	69%
Gabriel Knights	Sim	Não	Não	Não	Sim	Não	Não	Não	Não	Sim	Não	Não	Não	3	23%
Black & White	Sim	Sim	Sim	Sim	Não	Não	Não	Sim	Não	Sim	Não	Não	Não	6	46%
Rangers Lead the Way	Não	Não	Não	Não	Não	Sim	Sim	Não	Não	Não	Não	Não	Não	2	15%
Wild 9	Sim	Sim	Sim	Sim	Sim	Sim	Não	Sim	Não	Não	Não	Não	Não	7	54%
Trade Empires	Sim	Sim	Sim	Sim	Sim	Sim	Sim	Sim	Sim	Sim	Sim	Sim	Não	12	92%
Rainbow Six	Sim	Sim	Sim	Sim	Sim	Não	Não	Não	Não	Não	Não	Não	Não	5	38%
The X-Files	Sim	Sim	Sim	Sim	Sim	Não	Não	Não	Não	Não	Não	Não	Não	5	38%
Draconus	Sim	Sim	Sim	Não	Não	Não	Sim	Não	Não	Não	Não	Não	Não	4	31%
Cel Damage	Sim	Sim	Não	Sim	Sim	Sim	Sim	Sim	Sim	Sim	Não	Sim	Sim	11	85%
Command and Conquer: Tiberian Sun	Sim	Sim	Sim	Sim	Não	Sim	Sim	Não	Sim	Sim	Não	Não	Não	8	62%
Asheron's Call	Não	Sim	Sim	Sim	Sim	Sim	Sim	Sim	Sim	Não	Não	Não	Sim	9	69%
Age of Empires II: The Age of Kings	Sim	Sim	Sim	Não	Não	Sim	Não	Não	Não	Sim	Sim	Sim	Não	7	54%
Diablo II	Sim	Sim	Sim	Sim	Sim	Não	Sim	Não	Sim	Sim	Sim	Não	Não	9	69%
Operation Flashpoint	Sim	Sim	Sim	Sim	Sim	Sim	Não	Sim	Sim	Sim	Sim	Não	Não	10	77%
Hidden Evil	Sim	Sim	Sim	Sim	Sim	Não	Não	Sim	Não	Não	Não	Não	Não	6	46%
Resident Evil 2	Sim	Sim	Não	Sim	Não	Sim	Sim	Não	Sim	Não	Sim	Sim	Não	8	62%
Vampire: The Masquerade	Sim	Sim	Sim	Sim	Sim	Sim	Sim	Não	Sim	Não	Não	Não	Não	8	62%
Unreal Tournament	Sim	Sim	Sim	Sim	Sim	Não	Não	Sim	Não	Não	Sim	Sim	Não	8	62%
Tropico	Sim	Sim	Sim	Sim	Não	Sim	Sim	Não	Não	Não	Não	Não	Não	6	46%
Ocorrências	18	18	16	16	13	12	11	9	9	8	6	5	2	143	7,2
%	90%	90%	80%	80%	65%	60%	55%	45%	45%	40%	30%	25%	10%	0,55	55%

Quando analisamos com mais cuidado esses resultados, vemos que as boas práticas mais encontradas foram **equipe qualificada, motivada ou coesa** e a **crença no sucesso do projeto**, com **90% (18 em 20)** dos projetos relatando tais práticas. Em seguida, destacaram-se o **estímulo à criatividade** e o **foco no produto**, com 80% dos projetos citando-as (16 em 20). Ainda nesse contexto, as outras duas práticas mais encontradas foram o **controle de versão**, com 65% (13 em 20), e o **uso de ferramentas simples ou produtivas**, com 60%. A figura 4.2 apresenta o histograma de ocorrência dos problemas em ordem decrescente, no qual pode-se fazer uma comparação gráfica desses resultados.

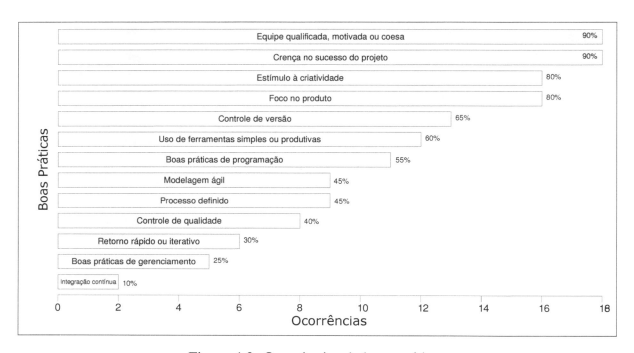

Figura 4.2: Ocorrências de boas práticas

Apesar desses resultados talvez não serem surpreendentes, mostram a importância da equipe para o sucesso do projeto, confirmando as afirmações feitas por Bach [1995b], de que processos são úteis, mas não são os elementos centrais para o sucesso de projetos de software. O ponto central está no **homem**, o herói que **resolve problemas ambíguos**, que distingue entre uma necessidade expressada e a necessidade que, de fato, tornará o cliente plenamente satisfeito [BACH, 1995b]. Além disso, é nítida a perseverança e a crença no sucesso das equipes, intensamente focadas no produto de software.

4.4 Uso de práticas ágeis no desenvolvimento de jogos

O uso de práticas ágeis no desenvolvimento de jogos eletrônicos é um assunto ainda pouco explorado em trabalhos científicos. Os estudos mais relevantes foram feitos por Xu e Rajlich [2006], Kasperavicius et al. [2008] e Gibson [2007], sendo o primeiro o mais formal.

Em um artigo apresentado na *5th IEEE/ACIS International Conference on Computer and Information Science*, Xu e Rajlich [2006] investigaram os efeitos de algumas práticas ágeis no desenvolvimento de jogos. Para isso, conduziram um estudo de caso de implementação de um jogo simples, com 12 estudantes, dividindo o grupo nos que trabalhariam em pares e nos que trabalhariam individualmente. Os pares deveriam utilizar algumas práticas do XP, como programação em pares, desenvolvimento guiado por teste e refatoração, enquanto os que trabalhariam sozinhos aplicariam o processo tradicional em cascata.

O resultado do estudo mostrou que os programadores que **trabalharam em pares** realizaram suas tarefas em um **tempo significativamente menor** do que os programadores que trabalharam individualmente. A média de tempo despendido dos pares foi de 216 minutos, enquanto os que trabalharam sozinhos consumiram 418 minutos. Também o primeiro grupo escreveu mais linhas de código por hora. Isso indica que a **programação em pares provavelmente reduz o tempo de desenvolvimento de jogos**.

A comparação do software final construído pelos dois grupos, mostrou que os pares alcançaram um projeto melhor. Eles criaram mais métodos nas classes, indicando uma maior capacidade de modularização, conseguindo uma maior coesão, como sugere Beck [1999]. Além disso, os métodos criados foram muito mais elegantes e compreensíveis. Já os programadores que trabalharam individualmente criaram, em geral, uma ou duas classes no começo do projeto e as mantiveram até o final, enquanto os pares criaram as classes necessárias no início e foram adicionando novas ao longo do projeto.

Para medir a qualidade dos programas escritos por pares e indivíduos, Xu e Rajlich [2006] propuseram 12 casos de teste caixa-preta, que foram aplicados aos oito projetos, possibilitando a verificação de quão bem os requisitos especificados foram atendidos e a robustez dos projetos. Todos os programas escritos pelos pares passaram em quase todos os 12 casos de teste, especialmente por aplicarem técnicas de desenvolvimento guiado por teste. Os programas escritos individualmente passaram de 9 a 11 casos de teste.

Ao longo do experimento, os pesquisadores também fizeram uma avaliação do projeto com os participantes que trabalharam em pares. De acordo com a pesquisa, todos os estudantes mostraram-se satisfeitos com o seu próprio desempenho e de seu parceiro, demonstrando a intenção de usar as técnicas de programação em pares, desenvolvimento guiado por testes e refatoração no futuro.

Em síntese, os resultados apresentados por Xu e Rajlich [2006] sugerem que os programas escritos pelos pares foram feitos mais rapidamente e com uma qualidade mais alta; passaram em mais casos de teste, produziram códigos mais claros e com alta coesão, criando um número razoável de métodos. Baseado nesses resultados, Xu e Rajlich [2006] chegaram a conclusão de que a aplicação das práticas ágeis do XP pode ser útil no desenvolvimento de jogos eletrônicos.

Um segundo estudo foi feito por Gibson [2007], recrutando jogadores e desenvolvedores para realizar um experimento de elaboração de um jogo utilizando técnicas do Scrum, avaliando os resultados do projeto e a diversão atingida pelo jogo. Seguindo as práticas do Scrum, o time disponibilizou uma nova versão do jogo para testes a cada duas semanas. Cada versão entregue foi avaliada pelos jogadores em termos da diversão. Além disso, os desenvolvedores faziam reuniões de avaliação do projeto, com o objetivo de aperfeiçoar o processo ao longo do trabalho.

Os resultados obtidos por Gibson [2007] no experimento mostraram que, sob a perspectiva de programadores e jogadores, o processo Scrum se provou muito efetivo e útil durante o desenvolvimento do projeto. O Scrum não criou a diversão por si só, mas sim por sua flexibilidade em utilizar uma idéia inicial de projeto, que pode ser modificada para melhor atender aos jogadores. As reuniões de avaliação, feitas pelos jogadores em ciclos curtos de desenvolvimento, promoveram correções úteis ao longo de cada iteração, ajudando os desenvolvedores a manterem-se no caminho certo e modificando a direção quando necessário. **A habilidade dos desenvolvedores em modificar o jogo, baseado nas informações dos jogadores, foi o principal aspecto que fez do experimento um grande sucesso**. Essencialmente, Gibson [2007] demonstra nitidamente que o retorno rápido e o envolvimento de todas as partes, desenvolvedores, jogadores e projetistas, promovido por processos ágeis como o Scrum, são importantes para o sucesso dos projetos, auxiliando na criação de jogos mais envolventes e divertidos.

Já o trabalho feito por Kasperavicius et al. [2008] apresentou o uso de práticas ágeis no ensino do desenvolvimento de jogos digitais. Usando algumas práticas do XP, mesmo com prazos curtos, os estudantes conseguiram desenvolver os jogos no tempo previsto e sem apresentar erros aparentes. Além disso, foi constatada uma evolução surpreendente dos estudantes envolvidos no projeto, tanto em termos acadêmicos quanto profissionais. Os resultados obtidos se deram fundamentalmente pelo emprego das práticas ágeis durante o projeto. Kasperavicius et al. [2008] defendem que, em projetos de jogos digitais, é adequado o uso de metodologias ágeis, por se tratar de aplicações de domínio restrito, suscetíveis a mudanças e com requisitos específicos.

Fora do ambiente acadêmico, os trabalhos mais relevantes são artigos encontrados nos portais especializados em jogos, como Gamasutra, ou iniciativas isoladas, como um portal dedicado ao uso de métodos ágeis no desenvolvimento de jogos[3].

Em um artigo intitulado *"Embracing Fun: Why eXtreme Programming is Great for Game Development"* para o *site* Gamasutra, Schofield [2007] defende o uso de práticas do XP no desenvolvimento de jogos, comentando que o poder da metodologia *Extreme Programming* está no fato de permitir aos desenvolvedores de jogos criar um ótimo jogo reunindo as necessidades de vários *stakeholders*, como publicadores, gerentes e membros do time, todos envolvidos no processo.

Um contraponto é o artigo publicado por Paul Miller [2007], também no portal GamaSutra. Nesse trabalho, o autor descreve 10 armadilhas encontradas no uso de Scrum em processos de desenvolvimento de jogos, defendendo que empregar esse método, substituindo completamente os métodos e processos "bem estabelecidos", é um caminho certo para um projeto miserável, acreditando que a adoção do Scrum pode trazer mais problemas do que soluções.

Na indústria de jogos, atualmente a empresa mais proeminente no uso de métodos ágeis é a High Moon Studios[4]. Ela faz parte da Activision Blizzard, sendo uma premiada desenvolvedora jogos para Xbox 360® e PlayStation®3, contando com mais de 100 desenvolvedores. A empresa declara em seu *site* adotar explicitamente o Scrum como a sua metodologia no desenvolvimento de seus projetos, aplicando-o através de pequenas equipes não-hierarquizadas e multidisciplinares, realizando os projetos em ciclos de curtos de trabalho. Na High Moon, artistas, *designers* e programadores trabalham lado a lado em iterações focadas na "busca da diversão" em seus jogos, mesmo nas fases mais iniciais de desenvolvimento.

Em novembro de 2005, a High Moon recebeu o *Workplace Excellence Award* da *Society for Human Resource Management* de San Diego, pela adoção das metodologias ágeis, especialmente o Scrum, destacando o seu esforço em adotar um ambiente projetado para estimular a criatividade. Também pela utilização de práticas ágeis em seu processo de trabalho, a High Moon Studios recebeu, no mesmo ano, o prêmio *Top 50 Technology Innovators of 2005* da IT Week Magazine's. Escolhida por seus editores, a lista reconheceu as empresas que tiveram significantes contribuições para a inovação tecnológica ao longo do ano.

---

[3] Veja http://www.agilegamedevelopment.com.

[4] Veja http://www.highmoonstudios.com/company/index.php.

Clinton Keith, líder técnico da High Moon Studios e um dos mais proeminentes defensores do uso de métodos ágeis na indústria de jogos, declara:

> *"As metodologias ágeis são ideais para o desenvolvimento de jogos... Elas provêem uma abordagem iterativa e incremental ao desenvolvimento do jogo, na qual equipes multidisciplinares de artistas, projetistas e engenheiros se focam na busca da diversão tanto quanto no trabalho de projeto e documentação técnica. Scrum, uma das maiores ferramentas de gerenciamento ágil, promove a comunicação diária, a posse da equipe e a valorização do produto final. Os benefícios para a qualidade do produto e à produtividade do time podem ser enormes. Em uma indústria que tem custos estratosféricos de desenvolvimento, a metodologia ágil é algo que nós estamos evangelizando para mexer com a comunidade de desenvolvimento de jogos."*

4.5   Processos ágeis para o desenvolvimento de jogos

O processo tradicional de desenvolvimento de jogos, por adotar freqüentemente o modelo em cascata [FLOOD, 2003], acaba sofrendo de inúmeros problemas, como foi discutido no capítulo 2. Com base nas análises feitas na seção 4.4 e pela carência da indústria de jogos por um processo mais adequado à suas especificidades [CALLELE; NEUFELD; SCHNEIDER, 2005], é possível constatar a oportunidade para a elaboração de processos personalizados ao desenvolvimento de jogos, fundamentados nas práticas ágeis.

As propostas mais conhecidas de processos ágeis para jogos são os trabalhos de Demachy [2003], com o *Extreme Game Development* (XGD), e o *Game Unified Process* (GUP), proposto por Flood [2003]. O XGD é um método ágil de produção de jogos, baseado no XP, que integra em um mesmo processo programadores, *designers*, artistas e todos os outros não-programadores.

O GUP é a proposta feita por Flood [2003], em sua experiência de transição do processo *waterfall* para a adoção de um processo híbrido, no qual a equipe de desenvolvimento utilizou o *Rational Unified Process* (RUP) [PRESSMAN, 2006] e as equipes de conteúdo utilizaram XP. Segundo Flood [2003], é possível adaptar os processos ágeis ao desenvolvimento de jogos, atingindo um significativo aumento na qualidade e produtividade dos projetos, sendo que, **mesmo adotando parcialmente as práticas ágeis, consegue-se resultados que superam os obtidos com a abordagem tradicional em cascata**. Também foi constatado que grupos de criação de conteúdo e de engenharia de software podem utilizar o mesmo processo ágil com resultados positivos [FLOOD, 2003].

Também, segundo Poppendieck, Poppendieck e Poppendieck [2006], qualquer processo de desenvolvimento exposto em ambientes com constantes modificações, como na elaboração de jogos, deve ser um processo empírico, pois provê a melhor abordagem conhecida para adaptar-se às mudanças.

5 ADOTANDO PRÁTICAS ÁGEIS NO DESENVOLVIMENTO DE JOGOS

Ao longo dos capítulos anteriores, discorremos sobre os problemas da indústria de software tradicional e apresentamos um estudo sobre os problemas encontrados no desenvolvimento de jogos eletrônicos; estudamos aspectos da engenharia de software, especialmente os métodos ágeis; discutimos o processo tradicional de desenvolvimento de jogos; e levantamos a adoção de boas práticas na elaboração de jogos. Esses estudos formam um arcabouço conceitual que estrutura o aspecto essencial deste trabalho: seriam as práticas ágeis capazes de aperfeiçoar o processo de desenvolvimento de jogos eletrônicos?

Na seção 5.1, é apresentado um conjunto de práticas ágeis que auxiliem o desenvolvimento de jogos, batizado de *Game Agile Methods Applied*. A seguir, serão feitas as análises de aderência das boas práticas já adotadas em projetos de jogos aos métodos ágeis.

Outrossim, analisaremos a correlação entre os problemas encontrados e as boas práticas levantadas, criando o Índice de Impacto ou Índice γ para a avaliação do efeito das práticas na solução dos problemas, bem como o grau de maturidade necessária para implantação das práticas ágeis, propondo um mecanismo de classificação de equipes quanto à maturidade para a implantação dessas práticas. Finalmente, é apresentada uma proposta de organização do conjunto das práticas, utilizada posteriormente no estudo de caso do capítulo 6.

5.1 Game Agile Methods Applied

A partir dos estudos realizados nos capítulos anteriores, é possível extrair um conjunto de práticas ágeis aplicáveis ao desenvolvimento de jogos eletrônicos. Esse conjunto proposto de práticas é o *Game Agile Methods Applied* (GAMA).

O GAMA é uma seleção de vários métodos ágeis, conjugando os princípios e as práticas do Desenvolvimento Enxuto de Software, do Scrum, do eXtreme Programming e da Modelagem

Ágil, ilustradas na figura 5.1. A escolha desses métodos e das práticas foi baseada nas seguintes análises:

- aderência das boas práticas já adotadas em projetos de jogos aos métodos ágeis;

- correlação entre os problemas encontrados e as boas práticas levantadas;

- práticas que tratam dos problemas da indústria de jogos;

- grau de maturidade necessária para implantação das práticas ágeis.

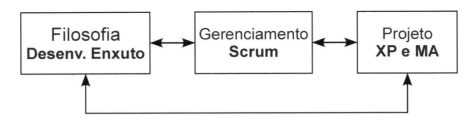

Figura 5.1: Métodos Ágeis que formam o GAMA

5.1.1   Análise de aderência das boas práticas já adotadas em projetos de jogos aos métodos ágeis

A indústria de jogos, inúmeras vezes de forma *ad hoc*, vem empregando boas práticas no desenvolvimento de software, como foi apresentado no capítulo 4. De forma mais organizada, podemos agrupar as práticas ágeis analisadas na tabela 4.2, segundo os métodos ágeis estudados no capítulo 3, formando a tabela 5.1.

Tabela 5.1: Aderência das boas práticas já adotadas em jogos aos métodos ágeis

Boa prática já adotada	É aderente ao método...
Equipe qualificada, motivada ou coesa	Enxuto, MA, Scrum, XP
Crença no sucesso do projeto	Scrum, XP
Estímulo à criatividade	Scrum, MA
Foco no produto	XP, Scrum, Enxuto
Controle de versão	XP
Uso de ferramentas simples ou produtivas	MA, XP
Boas práticas de programação	XP
Modelagem Ágil	XP, MA
Processo definido	Scrum, XP
Controle de qualidade	XP
Retorno rápido e iterativo	XP, Scrum, Enxuto
Boas práticas de gerenciamento	XP, Scrum
Integração contínua	XP

Mesmo de modo instintivo, as equipes de desenvolvimento de jogos vêm adotando essas práticas. Nesse cenário, a implantação de métodos ágeis, como o Scrum e XP, pode ocorrer naturalmente, visto que as equipes já utilizam, em suas rotinas, vários princípios da agilidade. Assim, através da tabela 5.1 é possível justificar a adoção dos métodos ágeis analisados neste trabalho.

5.1.2 Análise da correlação entre os problemas encontrados e as boas práticas levantadas

Uma nova análise pode ser proposta ao cotejarmos os resultados da tabela 2.4, que apresenta os problemas encontrados, com os resultados da tabela 4.2, que contém as boas práticas levantadas nos *postmortems*. Ao avaliarmos, por exemplo, o projeto *Cel Damage*, que adotou **85%** das boas práticas, observamos a **menor incidência de problemas**, com somente **20%** dos problemas relatados. Existiria uma correlação linear entre o número de problemas encontrados e as boas práticas adotadas nos projetos de jogos?

Para essa análise, foi elaborada a tabela 5.2, que é formada pelos projetos de jogos analisados, os percentuais de problemas encontrados e os percentuais de boas práticas adotadas. Se calcularmos o coeficiente de correlação linear de Pearson (r) [STEVENSON, 1986] para as duas variáveis, x e y, através da fórmula 5.1,

$$r = \frac{n(\sum xy) - (\sum x)(\sum y)}{\sqrt{n(\sum x^2) - (\sum x)^2} \cdot \sqrt{n(\sum y^2) - (\sum y)^2}} \tag{5.1}$$

na qual y é o percentual de problemas e x é o percentual de boas práticas encontradas, podemos obter o valor $r = -0,46$.

Segundo Jaisingh [2006], podemos interpretar o coeficiente de correlação linear como uma medida da relação direta de causa e efeito. Assim, é possível afirmar, consultando a tabela 5.3, que tendo um $r = -0,46$, existe uma **moderada correlação linear negativa** entre o percentual de práticas adotadas e o percentual de problemas encontrados, como pode ser observado no gráfico de dispersão da figura 5.2. A correlação linear negativa significa que quanto maior o número de práticas adotadas, menor o número de problemas encontrados.

A correlação linear entre as duas variáveis possibilita a criação de um índice que gradua o impacto das boas práticas frente aos problemas: **o Índice de Impacto ou Índice γ**. Esse índice é formado pelo quociente entre o percentual de boas práticas encontradas e o percentual de problemas relatados, representando o quanto a adoção de boas práticas influencia na resolução

Tabela 5.2: Comparativo entre o problemas e práticas encontradas por projeto

Projeto	% de problemas encontrados no projeto (y)	% de boas práticas encontradas no projeto (x)	Índice de Impacto ($\gamma = x/y$)
Cel Damage	20,0%	84,6%	4,23
Trade Empires	26,7%	92,3%	3,46
Diablo II	33,3%	69,2%	2,08
Command and Conquer	33,3%	61,5%	1,85
Tropico	26,7%	46,2%	1,73
Age of Empires II	33,3%	53,8%	1,62
Resident Evil 2	40,0%	61,5%	1,54
Beam Runner	46,7%	69,2%	1,48
Asheron's Call	46,7%	69,2%	1,48
Hidden Evil	33,3%	46,2%	1,38
Vampire	46,7%	61,5%	1,32
Unreal	46,7%	61,5%	1,32
Wild 9	53,3%	53,8%	1,01
The X-Files	40,0%	38,5%	0,96
Operation Flashpoint	80,0%	76,9%	0,96
Black & Whire	60,0%	46,2%	0,77
Rainbow Six	73,3%	38,5%	0,52
Draconus	80,0%	30,8%	0,38
Rangers Lead the Way	46,7%	15,4%	0,33
Gabriel Knights	86,7%	23,1%	0,27

Tabela 5.3: Interpretação de r

Faixa de r	Correlação linear
$-1 <= r <= -0,8$	muito alta
$-0,79 <= r <= -0,60$	alta
$-0,59 <= r <= -0,40$	**moderada**
$-0,39 <= r <= -0,20$	baixa
$-0,19 <= r <= 0$	muito baixa

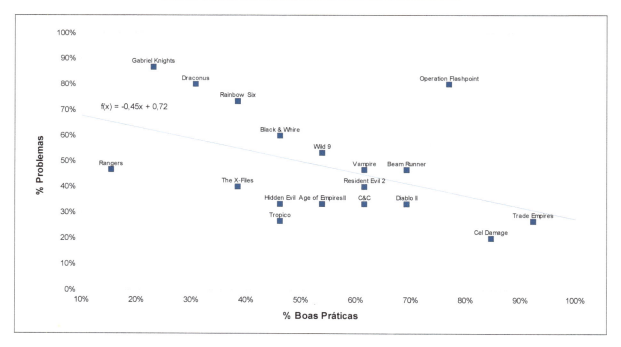

Figura 5.2: Gráfico de dispersão entre boas práticas e problemas

de problemas. Assim, quanto maior o fator γ, maior é o impacto das práticas na redução do número de problemas.

O Índice γ se origina da relação linear entre os percentuais dos problemas e das boas práticas, segundo a equação da reta

$$y = -\alpha x + \varphi$$

Como queremos obter um índice a partir dessa equação, o que nos interessa é o α. Assim, podemos assumir $\varphi = 0$, possibilitando

$$y = -\alpha x$$
$$\alpha = -\frac{y}{x}$$
$$\frac{x}{y} = -\frac{1}{\alpha}$$

Por definição $\gamma = -\frac{1}{\alpha}$. Desse modo, teremos

$$\gamma = \frac{x}{y} \qquad (5.2)$$

É importante ressaltar que γ é um índice **adimensional** e suas parcelas são calculadas com base em percentuais, possibilitando a comparação de um **número variável de problemas e práticas**, sempre como um índice **homogêneo**. A figura 5.3 apresenta o fator γ dos *postmortems*.

Se analisarmos a tabela 5.2, veremos que a maioria dos projetos estudados tiveram um índice γ maior que 1. Isso significa que as boas práticas adotadas nos projetos jogos surtiram efeito, impactando diretamente nos resultados do projeto. Na seção 6.6, iremos utilizar esse índice para avaliarmos o impacto das práticas propostas na resolução dos problemas do estudo de caso.

5.1.3 Análise das práticas que tratam dos problemas da indústria de jogos

As práticas ágeis, contextualizadas para o desenvolvimento de jogos, no capítulo 4, foram associadas aos problemas relatados no capítulo 2. Para cada problema, foi analisado se a prática

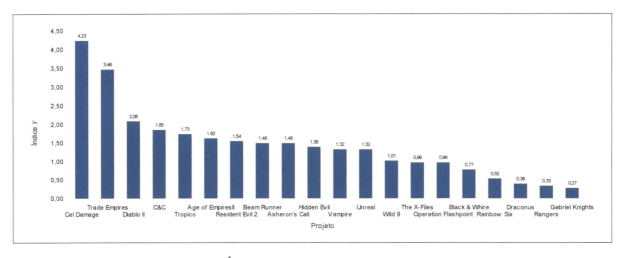

Figura 5.3: Índice de Impacto (γ) dos *postmortems*

proposta é capaz de solucioná-lo. Desse modo, foi marcado com "Sim" todas as práticas que solucionam um certo problema e "Não", se a prática não trata do problema. A partir dessa associação, foi gerada a tabela 5.4, na qual recebeu os problemas nas linhas e as práticas nas colunas.

Para que pudéssemos, de alguma forma, quantificar o número de problemas que cada prática se propõe a solucionar, o total de ocorrências de "Sim" foi contabilizado tanto em termos das linhas quanto das colunas. Com isso, a quantidade de "Sim" encontrada nas linhas representa quais práticas buscam resolver um certo problema. Já a quantidade contabilizada nas colunas, representa o número de problemas que a prática soluciona. A contabilização das colunas, que pode ser vista na penúltima linha, propiciou que a tabela fosse organizada em ordem decrescente de ocorrências. A última linha contém o percentual de ocorrências em relação ao número de problemas estudados.

Quando analisamos atentamente esses resultados, vemos que as práticas que mais solucionam os problemas da indústria de jogos são **Desenvolvimento Enxuto**, com **87% (13 em 15 problemas)**; **Modelagem Ágil** e **Projeto Simples**, com **73% (11 em 15 problemas)**; e **Gerência de Projetos Scrum**, com **67%** (10 em 15 problemas). Também a **Integração Contínua** teve um certo destaque, solucionando **60%** dos problemas.

As práticas que menos solucionam os problemas dos jogos são a **Metáfora** e os **Padrões de Codificação**, com 30% dos problemas atendidos. Isso se deve ao fato de que a maioria dos problemas encontrados são questões de gerência de projetos, as quais essas práticas não tratam.

Se analisarmos os totais das linhas, podemos constatar que **92%** das práticas propostas solucionam os problemas de **comunicação** e **85%** eliminam o **grande número de defeitos**. O **Escopo irreal ou ambicioso**, principal problema da indústria de jogos, mesmo sendo tratado

Tabela 5.4: Associação entre Problemas e Práticas Ágeis

Problemas/Práticas	Desenvolvimento Enxuto	Modelagem Ágil	Projeto Simples	Gerência de Projetos Scrum	Cliente Presente	Integração Contínua	Reunião em Pé	Ritmo Sustentável	Posse Coletiva	Programação em Pares	Desenvolvimento Guiado por Teste	Refatoração	Padrões de Codificação	Metáfora	Total	% de práticas que atacam o problema
Escopo irreal ou ambicioso	Sim	Sim	Sim	Sim	Sim	Não	Não	Sim	Não	Não	Não	Não	Não	Não	6	42,86%
Features acrescidas tardiamente	Sim	Sim	Sim	Sim	Sim	Não	Sim	Sim	Não	Não	Não	Não	Não	Não	7	50,00%
Features retiradas durante o desenvolvimento	Sim	Sim	Sim	Sim	Sim	Não	Sim	Não	Não	Não	Não	Não	Não	Não	6	42,86%
Problemas de projeto	Sim	Sim	Sim	Sim	Não	Sim	Sim	Não	Não	Sim	Não	Sim	Não	Não	8	57,14%
Atraso ou otimismo no cronograma	Sim	Sim	Sim	Sim	Sim	Sim	Não	Sim	Sim	Não	Não	Sim	Não	Não	9	64,29%
Problemas Tecnológicos	Não	Sim	Sim	Não	Não	Sim	Sim	Não	Sim	Sim	Não	Sim	Não	Não	7	50,00%
Crunch Time	Sim	Sim	Sim	Sim	Sim	Sim	Sim	Não	Sim	Não	Sim	Não	Sim	Não	10	71,43%
Falta de Documentação	Sim	Sim	Sim	Não	Sim	Sim	Sim	Não	Sim	Não	Sim	Não	Sim	Sim	10	71,43%
Problemas de Comunicação	Sim	Sim	Sim	Sim	Sim	Sim	Sim	Sim	Não	Sim	Sim	Não	Sim	Sim	13	92,86%
Problemas com Ferramentas	Não	Sim	Não	Não	Não	Sim	Não	Não	Sim	Não	Sim	Não	Não	Não	3	21,43%
Problemas na fase de teste	Sim	Sim	Sim	Não	Sim	Sim	Não	Sim	Sim	Sim	Sim	Sim	Sim	Não	10	71,43%
Problemas na montagem da equipe	Sim	Sim	Não	Não	Não	Não	Não	Não	Não	Não	Não	Não	Não	Não	2	14,29%
Grande número de defeitos	Sim	Não	Sim	Sim	Sim	Não	Sim	Sim	Sim	Sim	Sim	Sim	Sim	Não	12	85,71%
Perda de Profissionais	Sim	Não	Não	Sim	Não	Não	Não	Sim	Não	Não	Não	Não	Não	Não	4	28,57%
Orçamento Extrapolado	Sim	Sim	Não	Sim	Não	Não	Não	Sim	Não	Não	Não	Não	Não	Não	4	28,57%
Ocorrências	13	12	11	10	9	9	8	8	7	6	6	5	5	2	111	7,4
%	86,67%	80,00%	73,33%	66,67%	60,00%	60,00%	53,33%	53,33%	46,67%	40,00%	40,00%	33,33%	33,33%	13,33%	52,86%	52,86%

por somente **38%** das práticas, tem sua solução atendida pelo **Projeto Simples**, **Modelagem Ágil**, **Gerenciamento de Projetos Scrum** e **Desenvolvimento Enxuto**.

5.1.4   Análise do grau de maturidade necessária para implantação das práticas ágeis

Se analisarmos os depoimentos da aplicação de boas práticas no desenvolvimento de jogos, em conjunto com as experiências descritas na seção 4.4, é possível agrupá-las em um diagrama que representa o grau de maturidade necessária à implantação de uma determinada prática, formando a Pirâmide de Maturidade Ágil, apresentada na figura 5.4. A fim de estabelecermos uma escala de maturidade ágil, podemos classificar as práticas em três níveis, chamados de *Agile Maturity Level* (AML) 1, 2 ou 3.

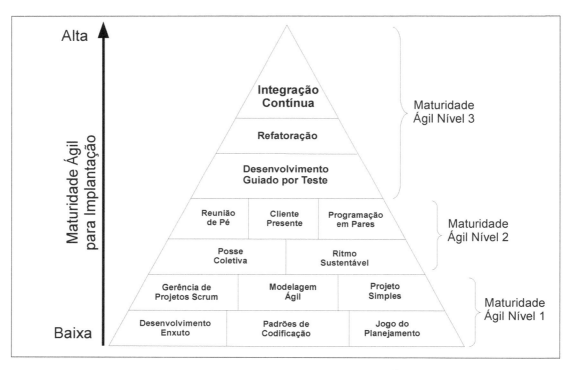

Figura 5.4: Pirâmide de Maturidade Ágil

Na base da pirâmide estão as práticas que exigem maturidade mais baixa para sua implantação, como por exemplo **Padrões de Codificação**. Também as propostas do pensamento enxuto são mais facilmente aceitas, como *elimine o desperdício*. Práticas como a **Modelagem Ágil** e **Projeto Simples**, por terem resultados imediatos, também são mais fáceis de serem implantadas. Essas práticas podem ser classificadas como **AML 1**.

Em um nível intermediário, estão as práticas como **Programação em Pares** ou **Posse Coletiva**, que são mais difíceis de serem implantadas, especialmente quando as equipes são ainda muito imaturas. Práticas como **Reunião de Pé** e **Cliente Presente**, que modificam as relações interpessoais no projeto, se não internalizadas, acabam sendo abandonadas. Essas práticas podem ser classificadas como **AML 2**.

No nível mais alto de maturidade, estão as práticas agregadas, que dependem de um grande aculturamento e disciplina para que sejam efetivamente implantadas. A mudança da forma de raciocínio, proposta aos programadores, pelo **Desenvolvimento Guiado por Teste**, faz com que essa prática seja adotada somente por equipes altamente competentes.

A **Refatoração**, outra prática que também exige um alto nível de maturidade, além de ser dependente do Desenvolvimento Guiado por Teste, necessita de uma grande experiência em orientação a objetos, domínio em padrões de projeto e muita disciplina. Finalmente, a prática de Integração Contínua, essencial a todo processo ágil, está no topo da pirâmide, indicando o alto nível de maturidade necessária para a sua efetiva implantação. Assim, essas práticas podem ser classificadas como **AML 3**.

A Pirâmide de Maturidade Ágil é uma forma visual de organizarmos as práticas ágeis pelo nível de maturidade necessário a sua implantação. Entretanto, não significa que uma equipe precise adotar todas as práticas de um nível para ascender ao mais alto. É, de fato, uma referência à escolha de quais práticas podem ser utilizadas em níveis diferentes de maturidade da equipe, visto que a implantação de todas as práticas, simultaneamente, costuma ser uma abordagem com pouco êxito. Uma equipe pode, por exemplo, selecionar o uso de **Integração Contínua** mesmo tendo uma baixa maturidade, mas dificilmente essa prática será efetivamente implantada.

5.2   Organizando o GAMA

Segundo Auer e Miller [2001], muitos gostariam de adotar as práticas do *eXtreme Programming*. Entretanto, a implantação de práticas ágeis, mesmo com suas vantagens, não é uma tarefa trivial [BECK, 1999; AMBLER, 2004], a ponto de Beck [1999] definir a **coragem** como um dos valores do XP. Auer e Miller [2001] acreditam que as pessoas não iniciam o uso de práticas ágeis apenas por medo, mas, especialmente, por não conhecerem um processo que defina as atividades básicas a serem executadas.

O GAMA, como um conjunto de práticas, pode ser organizado para a execução básica de um projeto de desenvolvimento de jogos, servindo de referência para a definição das atividades e elaboração dos artefatos. Inicialmente, podemos dividí-lo em duas grandes fases:

- fase exploratória

- fase de execução

A fase exploratória compreende a etapa de projeto na qual os conceitos básicos do jogo são definidos, geralmente iniciada com uma idéia ou inspiração de como o jogo pode ser feito. Essa fase é formada pelas seguintes atividades e seus respectivos produtos:

- **Elaborar conceito do jogo:** é a fase durante a qual os principais elementos que irão compor o jogo são definidos, como os roteiros, os personagens e os ambientes. Esse fase deve seguir as idéias de McShaffry [2003], criando um documento do jogo que descreva apenas as linhas gerais da jogabilidade, concentrando os esforços na definição da jogabilidade em alto nível. Também são tomadas as decisões de arquitetura e de tecnologia a serem adotadas. **Produto**: documento do jogo.

- **Determinar atores e estórias de usuário:** a partir do documento do jogo, são definidos os atores e estórias de usuário que formam o jogo, indicando seus relacionamentos. **Produto**: diagrama de casos de uso.

- **Elaborar estórias de usuário:** mapeados os casos de usos, eles são especificados em estórias de usuário, em cartões do tipo fichas pautadas, nos quais são definidas as ações, os fluxos, as interações e os comportamentos dos atores no jogo. Nesse processo, membros de toda a equipe devem participar, especialmente, os roteiristas e a equipe de arte. Dessa atividade, novas estórias de usuário podem surgir, complementando o diagrama de casos de uso. No verso desses cartões são elaborados os esboços de interface. Também são elaborados os casos de teste para cada cartão. **Produtos:** estórias de usuário e casos de teste.

- **Planejar iterações:** com as estórias detalhadas, é feita uma reunião de planejamento das iterações, na qual as estórias são priorizadas, além de classificadas segundo sua complexidade e risco. **Produto:** *backlog* do produto.

A fase de execução compreende o conjunto de atividades de planejamento e execução das tarefas para a construção do jogo propriamente dito. Essa fase é formada pelas seguintes atividades e seus respectivos produtos:

- **Definir e estimar as tarefas:** as estórias priorizadas são selecionadas para a formação do *sprint*. Para cada estória, são determinadas as tarefas a serem realizadas para a implementação, tanto artística quanto de programação. As tarefas são escritas em *post-its* e estimadas em pontos, utilizando-se a técnica de *planning poker* [KNIBERG, 2007]. **Produtos:** *Backlog* do *sprint* e cartões (*post-its*) de tarefas.

- **Reunião de pé:** cada dia é iniciado com uma reunião rápida e de pé, na qual todo o integrante da equipe relata o que fez no dia anterior e o que pretende realizar. Ao final, os participantes assumem as tarefas, realocando-as no quadro e atualizando o gráfico de *burndown*. **Produtos:** quadro de tarefas e gráfico *burndown*.

- **Sessão de modelagem ágil:** caso necessário, na sessão de modelagem ágil são modelados os diagramas e esboços para a execução das tarefas. **Produtos:** diagramas ou esboços de solução.

- **Sessão de implementação:** durante a implementação das tarefas são aplicadas as práticas de desenvolvimento guiado por teste[1], refatoração e integração contínua, tanto de código-fonte quanto de arte, som ou outros artefatos do jogo. **Produtos:** testes unitários, código-fonte, arte, som, etc.

- **Executar atividades de qualidade:** após a integração dos módulos, o resultado do software deve ser testado por uma equipe especializada, realizando-se testes caixa preta que atendam aos casos de teste definidos para as estórias; testes de cobertura; testes de integração; e, caso necessário, testes de carga [PRESSMAN, 2006]. Os defeitos e aperfeiçoamentos podem ser relatados em uma ferramenta de *bug tracking* e lançados como novas tarefas no próprio *sprint* ou no seguinte. **Produto:** Relatório de *bugs* e *post-its*.

- **Integrar versão:** se todas as estórias implementadas atendem aos casos de teste ou atingiu-se o prazo final do *sprint*, o jogo é integrado em uma versão para demonstração. A versão resultante do primeiro *sprint* pode ser utilizada no *Greenlight Process*[2]. Versões integradas em novos *sprint* podem ser rotulados, tradicionalmente, como Alfa[3] ou Beta[4]. **Produto:** versão do jogo.

---

[1] O desenvolvimento guiado por teste é conhecido em inglês como *Test Driven Development* (TDD).

[2] O *Greenlight Process* é uma reunião de apresentação de um protótipo ou de uma versão inicial do jogo para que os investidores possam decidir se o projeto será financiado ou abandonado [GERSHENFELD; LOPARCO; BARAJAS, 2003].

[3] Alfa é a primeira versão completamente jogável de um jogo [GERSHENFELD; LOPARCO; BARAJAS, 2003].

[4] Beta é a versão "completa" do jogo, restando somente a correção de defeitos [GERSHENFELD; LOPARCO; BARAJAS, 2003].

- **Reunião de retrospectiva:** ao final do *sprint* é realizada uma reunião, com toda a equipe, objetivando refletir sobre o processo de trabalho realizado, propondo aperfeiçoamentos para a próxima iteração. **Produto:** propostas de aperfeiçoamento do processo.

- **Entregar a versão final:** a última atividade consiste em empacotar a versão final para distribuição, seja através de mídias ou pela Internet.

Outra estrutura básica do GAMA é o gerenciamento de projetos baseado no Scrum. Espelhando-se nos resultados obtidos pela *High Moon Studios*, descritos na seção 4.4, o Scrum pode ser adotado com sucesso. Assim, os ciclos de desenvolvimento devem ser curtos, iterativos, incrementais e realizados, no máximo, em quatro semanas.

O GAMA pode ter suas tarefas representadas através de um diagrama de atividades. Essa instância do GAMA pode ser vista no diagrama da figura 5.5.

É importante destacar a dificuldade da transição do modelo em cascata, mesmo com todos os seus problemas, para um processo iterativo e incremental. O GAMA é um processo de referência, um ponto de partida para que equipes de jogos possam adotar os métodos ágeis de forma gradual. Ele não deve ser utilizado sem uma avaliação e o devido aculturamento, necessitando ser contextualizado para cada equipe e dentro de cada projeto, como foi exposto no manifesto ágil e, especialmente, nos princípios do desenvolvimento enxuto de software. As várias práticas foram selecionadas e organizadas de modo a propor uma forma de resolução dos problemas encontrados no desenvolvimento de jogos eletrônicos, mas não têm a intenção de impor uma ordem rígida a sua execução.

O arranjo das práticas, segundo o GAMA, é uma forma conveniente de aplicar as práticas ágeis em projetos de jogos. Entretanto, essa não é a única forma possível de adoção e não pretendemos esgotar todas as possibilidades neste trabalho. No capítulo 6, apresentaremos um estudo de caso da aplicação do GAMA em um projeto acadêmico de desenvolvimento de jogos.

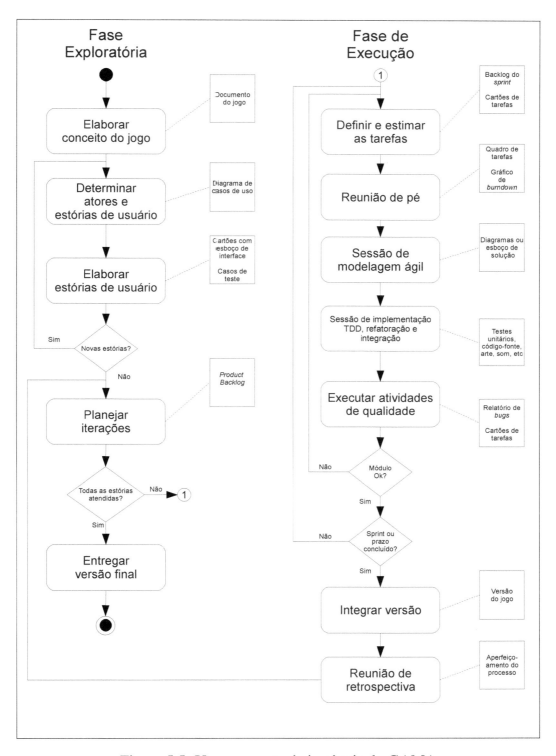

Figura 5.5: Uma proposta de instância do GAMA

6 ESTUDO DE CASO

O embasamento formal é o elemento essencial da pesquisa científica, trazendo à tona os trabalhos relacionados de muitos pesquisadores. Contudo, a experimentação produz novos subsídios à reflexão. Por isso, este capítulo apresenta um estudo de caso da aplicação das práticas ágeis, discutidas no capítulo 5, no desenvolvimento de um jogo real, servindo como instrumento de avaliação das práticas propostas.

Inicialmente, iremos definir a hipótese do estudo e seu escopo. Em seguida, será definido o objetivo do estudo de caso, descrevendo o projeto-alvo, especificando o perfil de seus participantes, o ambiente, as ferramentas de trabalho utilizadas e como foram coletados os dados do experimento. A seção 6.3 apresentará como foi conduzido o estudo e nas seções 6.4, 6.5 e 6.6, serão apresentados os resultados da investigação e de uma pesquisa conduzida com os participantes do laboratório. Finalmente, a seção 6.8 faz uma breve análise dos resultados do estudo.

6.1 Definição da hipótese e escopo

O estudo de caso apresentado está baseado na seguinte hipótese: as práticas ágeis, analisadas no capítulo 5, potencializam o desenvolvimento de jogos eletrônicos, auxiliando na minimização dos problemas relacionados no capítulo 2.

Pelas dificuldades de tempo e confidencialidade, o escopo deste estudo restringiu-se à coleta de elementos para a avaliação da hipótese proposta, em ambiente acadêmico, construindo um jogo simples e limitando-se aos temas discutidos nas seções anteriores. O acompanhamento do desenvolvimento de um jogo profissional implicaria em um período de pesquisa maior do que o tempo disponível para a elaboração desta dissertação.

Além disso, as empresas de desenvolvimento em geral **não** aceitam que informações sobre seu processo e suas práticas de trabalho sejam conhecidas por membros externos à empresa (como um aluno de mestrado e seu orientador) e nem que sejam divulgados. De fato, algumas tratativas foram feitas nesse sentido e isso se confirmou em todas elas.

6.2 Descrição do estudo de caso

O estudo de caso foi organizado usando uma abordagem simular à proposta por Xu e Rajlich [2006] e seguindo a estratégia de Aprendizagem Baseada em Problemas [WIKIPEDIA, 2008c], na qual os estudantes são encorajados a assumir responsabilidades em grupo, organizando-se e dirigindo o processo de aprendizagem, auxiliados por um instrutor.

Assim, estudantes do curso de Tecnólogo em Jogos Digitais foram convidados a participar de uma atividade batizada de "Laboratório de Jogos Digitais"[1]. O Laboratório consistia de uma atividade voluntária, aos sábados à tarde, em encontros de quatro horas, na qual os estudantes colocariam em prática os princípios da elaboração de jogos digitais. A proposta foi de que trabalhassem como se estivessem em uma empresa, tendo a oportunidade de experimentar, o mais cedo possível, as habilidades de pesquisa e resolução de problemas na área de jogos. Como elemento motivador, foi informado que o melhor projeto receberia, ao final do trabalho, um prêmio.

6.2.1 Perfil dos participantes

Todos os estudantes que responderam ao convite e participaram do estudo pertenciam ao Módulo I do curso de Jogos Digitais, sendo que ao primeiro encontro compareceram vinte participantes.

Com base no levantamento realizado sobre o perfil dos estudantes[2], foi possível constatar que a maioria dos participantes era do sexo masculino (90%); tinham entre 18 e 24 anos (90%); completaram somente o ensino médio (90%); não possuíam nenhuma experiência em desenvolvimento de jogos (100%) ou mesmo em desenvolvimento de software (80%).

Além disso, a maioria dos participantes não tinha conhecimentos básicos em engenharia de software ou processos de desenvolvimento, e somente 10% dos entrevistados declararam ter conhecimentos intermediários de C/C++ ou Java. É interessante destacar que 40% ignoravam o que era C/C++ e 20% desconheciam o que era Java. A maioria declarou ter conhecimentos básicos em Java ou PHP.

---

[1]   Para maiores detalhes sobre a proposta de criação do Laboratório de Jogos Digitais, veja o Anexo A.
[2]   O anexo B apresenta o questionário completo aplicado aos participantes do laboratório.

Se analisarmos com atenção as questões sobre conhecimentos em linguagem de programação e engenharia de software, podemos constatar a inclusão de dois conhecimentos-teste nas respostas, que realmente não existem, cuja alternativa esperada era *"Nunca ouvi falar"*. Na questão 9, a linguagem teste foi *"Dominus"*, uma linguagem de programação que não existe. Já a questão 10, que trata de conhecimentos de engenharia de software, o conhecimento falso foi *"Modelagem Espectral"*. Felizmente, todos os participantes responderam que nunca haviam ouvido falar de tais conhecimentos, sugerindo a validade das respostas.

A figura 6.1 detalha o perfil dos participantes, sendo interessante ressaltar que 90% dos pesquisados declararam nunca terem ouvido falar de Processos Prescritivos, XP ou Scrum.

6.2.2 Definição do projeto

Como projeto-alvo para implementação, foi escolhido o Jogo da Forca [WIKIPEDIA, 2008a], especialmente por algumas características importantes ao trabalho:

- regras simples

- universalmente conhecido

- facilidade na comparação de resultados entre equipes

- não exige inteligência artificial

- trivial em termos de computação

- simples em termos de computação gráfica

Durante o trabalho de implementação, a principal ferramenta utilizada foi o *Game Maker*[3]. De fácil aprendizagem, ele disponibiliza uma área na qual os objetos do jogo são distribuídos visualmente. A figura 6.2 apresenta a interface principal do software.

O *Game Maker* provê um ambiente simples para a construção de jogos, permitindo que, mesmo os iniciantes, implementem seus projetos rapidamente, através da técnica de arrastar-e-soltar ícones, possibilitando o aprendizado fácil do desenvolvimento de jogos. Essa técnica permite a criação de jogos completos, sem a necessidade de conhecimentos em linguagens de programação tradicionais [HABGOOD; OVERMARS, 2006]. A figura 6.3 exemplifica a utilização do software, mostrando a interface de controle de objetos, na qual é possível associar eventos e definir ações para cada evento.

---

[3] Para conhecer melhor a ferramenta, visite o site do fabricante em http://www.yoyogames.com/gamemaker.

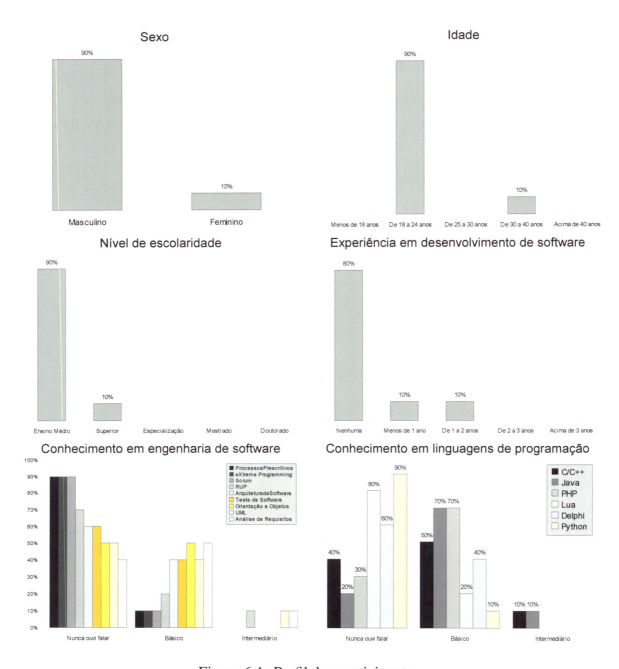

Figura 6.1: Perfil dos participantes

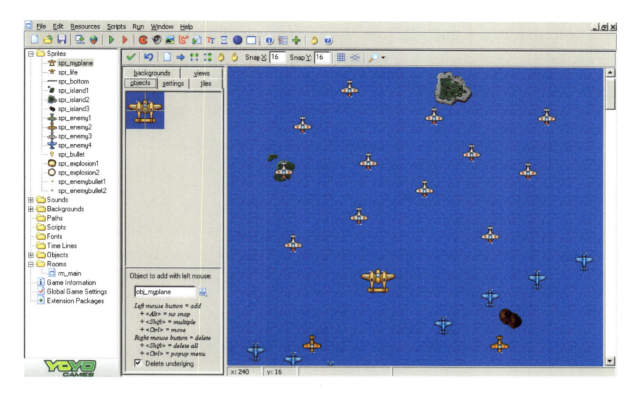

Figura 6.2: Interface principal do *Game Maker*

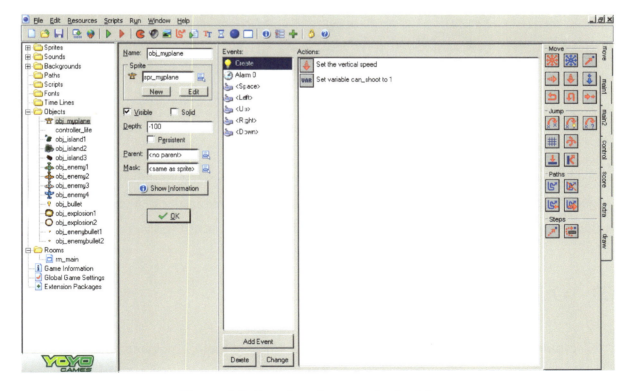

Figura 6.3: Interface de controle de objetos

A escolha dessa ferramenta foi motivada, especialmente, pela inexperiência dos participantes em conceitos de construção de jogos, o que tornou possível a implementação do projeto sem que os estudantes dominassem técnicas de computação gráfica e programação avançada. Também, como uma excelente ferramenta de prototipação, o *Game Maker* possibilitou que as equipes construíssem seus projetos, de forma simples, em um curto espaço de tempo.

Além do *Game Maker*, foi disponibilizada a ferramenta CASE *Jude*[4], para elaboração de diagramas, bem como cartões do tipo fichas pautadas, no formato 127 x 126 mm, e blocos de *post-its* amarelos de diferentes tamanhos.

O trabalho foi conduzido em um amplo laboratório de informática, equipado com computadores do tipo IBM PC, projetores e quadros brancos. Os participantes também dispunham de mesas de apoio para trabalhos em conjunto, como pode ser observado na figura 6.4.

Figura 6.4: Ambiente de trabalho

Todas as etapas do trabalho foram registradas, ao longo das semanas, através de fotografias e alguns vídeos. Ao final do estudo, no último encontro, foi realizada uma entrevista com os participantes, na qual relataram suas impressões sobre as práticas utilizadas.

6.3 Organização do trabalho

O estudo de caso foi conduzido entre os meses de setembro e novembro de 2008. No primeiro encontro, os vinte estudantes que compareceram foram divididos, aleatoriamente, em dois grandes grupos. O primeiro grupo seguiu o processo tradicional de projeto e

---

[4] Maiores informações sobre o *Jude* podem ser obtidas no site http://jude.change-vision.com.

desenvolvimento de jogos, descrito na seção 4.1, enquanto o segundo utilizou uma instância do GAMA, descrita na seção 5.2.

Cada um dos grandes grupos foi novamente dividido, formando quatro subgrupos de cinco componentes. Assim, duas equipes trabalharam com o processo tradicional (Tradicional A e B) e duas equipes trabalharam com as práticas ágeis (Ágeis A e B).

Todos os participantes receberam instruções iniciais sobre a condução do trabalho, executaram as tarefas simultaneamente e no mesmo ambiente. Cada equipe recebeu, individualmente, treinamento básico sobre as técnicas que deveria utilizar e material de estudo complementar.

Ao longo do trabalho, com o objetivo de prepará-los e motivá-los, foi reservada uma hora, em alguns encontros, para a execução de tutoriais no *Game Maker*, contemplando conhecimentos básicos sobre a ferramenta, os quais seriam utilizados ao longo da implementação do projeto.

A cada semana, a condução do trabalho era avaliada e discutida individualmente com os grupos, acompanhando a evolução do projeto. Essas avaliações serviam para que as equipes recebessem um retorno sobre o seu trabalho, além de propor os objetivos a serem alcançados no dia.

6.4 Execução do trabalho - Métodos Tradicionais

As equipes que utilizaram os métodos tradicionais sentiram o primeiro impacto já na elaboração dos documentos. A dificuldade surgiu no estudo dos artefatos, introduzidos pelos materiais complementares. Quando lhes foram apresentados os modelos dos documentos de concepção do jogo e visão, os participantes encontraram muitas dificuldades em materializar suas idéias, consumindo um tempo elevado em discussões improdutivas.

Com a visão fragmentada que o processo tradicional acaba induzindo, naturalmente um dos grupos decidiu dividir o trabalho, delegando cada documento a um integrante do grupo. Assim, um participante ficou responsável pelo documento de concepção do jogo, outro pelo documento de visão, um terceiro ficou com o projeto técnico e um quarto integrante ficou com o documento de projeto do jogo. Essa divisão ocasionou problemas sérios de comunicação e, mesmo muito próximos, como mostra a figura 6.5, os membros do grupo trabalharam isoladamente.

O efeito desse trabalho desagregado foi que um dos integrantes, menos disposto a compartilhar suas idéias, acabou tentando impor suas decisões de projeto à equipe, ocasionando um grande descontentamento no grupo. Mesmo com a elaboração parcial de alguns documentos,

Figura 6.5: Equipe trabalhando em projeto - processo tradicional

os desentendimentos prolongaram-se até a dissolução total da equipe, acarretando o abandono do projeto.

O segundo grupo não conseguiu sequer passar da fase de estudo dos artefatos, não produzindo nenhum resultado, nem mesmo um rascunho do documento de concepção do jogo. Apesar das tentativas de motivá-los para que elaborassem os documentos, esse grupo não conseguiu evoluir, abandonando o projeto no terceiro encontro.

6.5 Execução do trabalho - Práticas Ágeis

Inicialmente, os grupos que trabalharam utilizando as práticas ágeis receberam, a medida da necessidade, as premissas do desenvolvimento enxuto de software, os princípios básicos de modelagem ágil e noções do diagrama de casos de uso.

Utilizando os princípios de ferramentas simples e do projeto mais simples possível, prontamente foram elaborados os documentos do jogo (figura 6.6). Os diagramas de casos de uso foram criados usando os mesmos princípios, sem nenhum conhecimento prévio de UML[5]. Os grupos rapidamente compreenderam o artefato e, em equipe, discutiram os atores, os casos e seus relacionamentos.

O uso de ferramentas simples proporcionou a experiência da modelagem ágil em grupo, como pode ser exemplificado pela figura 6.7, na qual todos os integrantes participaram ativamente, contribuindo com idéias e possibilidades.

---

[5] UML - Unified Modeling Language

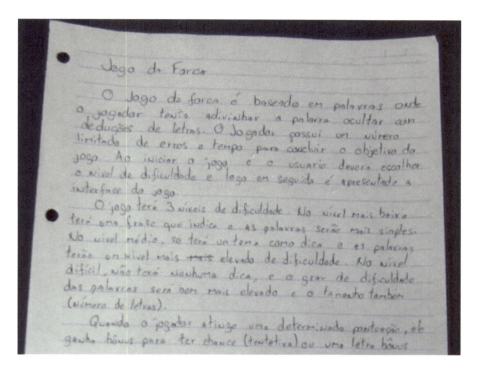

Figura 6.6: Exemplo de documento do jogo

Figura 6.7: Modelagem ágil em grupo

Se analisarmos com atenção os diagramas de caso de uso elaborados, observando a figura 6.8, podemos notar a convergência das propostas, especialmente pela adoção do princípio da simplicidade no projeto. Como a idéia de ciclo incremental de desenvolvimento foi aplicada, os grupos sentiram-se motivados a prosseguir o projeto sem um acréscimo excessivo de funcionalidades.

Seguindo a premissa da simplicidade, a primeira versão deveria conter somente as funcionalidades básicas, que poderiam ser complementadas em versões futuras. A visão minimalista conduziu as equipes a simplificarem seus projetos substancialmente, focando no objetivo de ter um software funcional o mais rápido possível e diminuindo os problemas de escopo ambicioso.

Figura 6.8: Diagramas de caso de uso - Grupos A e B

Com os diagramas de casos de uso feitos, os grupos foram estimulados a escreverem suas estórias de usuário em cartões, sendo um cartão por caso de uso. Em cada cartão foram descritos, sucintamente, os fluxos do jogo e as interações do jogador com o ambiente. A figura 6.9 apresenta um exemplo de cartão elaborado pelos grupos.

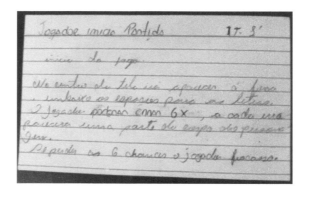

Figura 6.9: Cartão de estória de usuário

No verso do cartão, foi sugerida a elaboração de um esboço de interface que atendesse ao cartão. A prática de esboço no verso do cartão mostrou-se adequada, visto que, em um mesmo artefato, era possível compreender rapidamente o propósito da estória e visualizar a proposta de interface.

Durante a escrita das estórias, os grupos começaram a perceber os inúmeros requisitos que deveriam projetar, mesmo em um jogo simples, como o Jogo da Forca. Nesse aspecto, o espaço limitado do cartão serviu como uma forma prática de minimizar o acréscimo excessivo de requisitos, além de incentivar a objetividade das estórias. Devido à simplicidade do jogo proposto, poucas estórias foram descobertas, sendo que apenas um cartão descrevia a estória principal do jogo.

Ultrapassada a fase de escrita das estórias, as práticas do jogo do planejamento foram apresentadas, destacando o fato de que os cartões mais importantes e mais arriscados deveriam ser implementados prioritariamente. Assim, os cartões foram divididos em iterações. Novamente, os dois grupos convergiram, propondo três iterações para o projeto, priorizando o cartão principal do jogo e planejando as estórias periféricas para as iterações seguintes. A utilização de cartões facilitou esse trabalho de priorização, pois visualmente as equipes manipularam suas prioridades, posicionando fisicamente os cartões na seqüência planejada para execução do projeto. Finalmente, cada cartão recebeu o número da iteração a qual pertence. Um exemplo desse arranjo pode ser observado na figura 6.10.

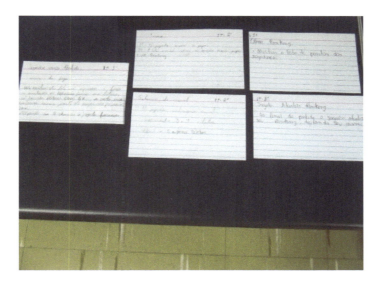

Figura 6.10: Planejamento das iterações

Com a iteração planejada, seguindo as práticas de gerência de projetos do Scrum, as estórias foram dividas em tarefas, escritas em *post-its*. Devido à inexperiência das equipes, poucas tarefas foram identificadas, algumas delas com baixa atomicidade.

As tarefas foram estimadas utilizando-se a técnica de *planning poker* [KNIBERG, 2007], pontuado-as segundo a série de Fibonacci. Essa técnica mostrou-se adequada, especialmente no caso de equipes inexperientes, pois atribui uma pontuação pelo sentimento de esforço e complexidade, de forma abstrata. Seguindo a prática, os participantes propunham uma pontuação para a tarefa estimada e, caso não chegassem a uma pontuação comum na primeira rodada, cada integrante justificava os motivos da sua escolha, até a busca do consenso.

É interessante destacar que, mesmo recebendo instruções semelhantes e planejando de forma similar a primeira iteração, os grupos divergiram na pontuação. Um grupo atribuiu ao *sprint* 71 pontos, enquanto o segundo estimou em 21 pontos o esforço necessário para a implementação do *sprint*. Esses resultados demonstraram a subjetividade que essa técnica de estimação apresenta, dependendo muito da experiência da equipe. Equipes inexperientes acabam estimando de forma discrepante, especialmente nas primeiras iterações.

Com base nos pontos estimados, os participantes elaboraram o gráfico de acompanhamento de projeto *product burndown* e foi apresentada a técnica do quadro para fixação dos *post-its*. Apesar do interesse inicial dos participantes em adotar essas práticas, elas foram abandonadas devido à falta de um ambiente próprio de projeto, no qual fosse possível manter os instrumentos permanentemente disponíveis.

Para uma melhor condução do estudo, seria necessário um ambiente específico para as equipes, no qual seus quadros de projeto estivessem afixados permanentemente, possibilitando reuniões de pé, atualizações das tarefas e dos gráficos de acompanhamento do produto. Como utilizou-se um laboratório geral de informática, não foi possível manter os quadros permanentemente montados, dificultando o uso das técnicas de planejamento e acompanhamento dos *sprints*.

Com a modelagem e planejamento realizados, as equipes passaram para a implementação. Ao longo dessa fase, a principal prática ágil adotada foi a programação em pares, fortemente empregada durante o trabalho, como pode ser observado na figura 6.11.

Durante a fase de construção, algumas práticas de implementação, como a refatoração e os padrões de codificação, não puderam ser aplicadas, pelo fato de o *Game Maker* ser uma ferramenta de *drag-and-drop* e não baseada em codificação. O desenvolvimento guiado por testes e integração contínua também não puderam ser aplicados.

Apesar das dificuldades inerentes à fase de implementação, os dois grupos conseguiram construir o jogo. Eles acabaram não seguindo rigorosamente o planejado na execução do projeto, mas sabiam claramente quais eram as tarefas e qual o objetivo que queriam alcançar.

Figura 6.11: Programação em pares

6.6 Resultados da pesquisa

No final do trabalho, conduzimos uma pesquisa sobre a adoção dos processos tradicionais e ágeis no desenvolvimento de jogos com os participantes do laboratório. Para tanto, foi utilizado um questionário eletrônico, apresentado no Anexo B.

As questões foram elaboradas especificamente para cada grupo, sendo que uma seção de questões foi respondida somente pelos grupos que utilizaram o método tradicional e outra, foi destinada aos que adotaram as práticas ágeis. O formulário encaminhava o entrevistado para a seção correta, utilizando a resposta da questão 11, que perguntava em qual grupo o entrevistado havia sido alocado. Ao todo, dez participantes responderam ao questionário, sendo que três utilizaram os métodos tradicionais e sete adotaram as práticas ágeis.

Aos grupos que utilizaram os métodos tradicionais, por terem fracassado, foi feita a seguinte questão: **"Infelizmente sua equipe não conseguiu completar o projeto, chegando a um produto de software. Por isso, quais foram os problemas que levaram ao seu abandono?"**. A figura 6.12 apresenta as respostas dos entrevistados.

Devido ao tamanho reduzido da amostra, as respostas não convergiram para uma tendência clara sobre os problemas que comprometeram os projetos. Ainda assim, é possível destacar que as grandes dificuldades relatadas foram os **problemas de comunicação**, com **100% concordando totalmente** a perda de membros da equipe, com 100% concordando (33% totalmente e 67% parcialmente). A falta de experiência e conhecimento também foram problemas destacados.

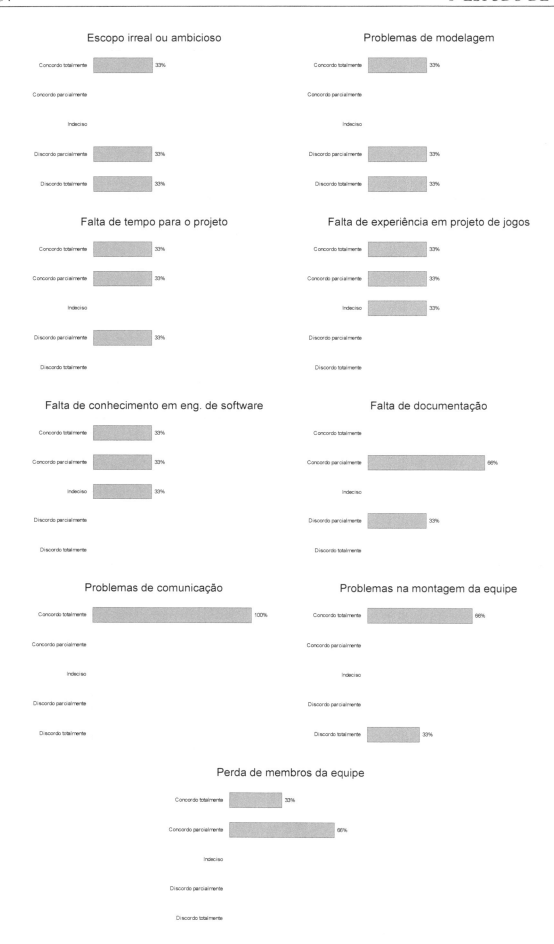

Figura 6.12: Problemas relatados - processo tradicional

A questão seguinte perguntava: **"Você utilizaria o processo tradicional em um novo projeto de jogo?"**. Analisando as respostas, apresentadas na figura 6.13, é interessante destacar que os entrevistados, em sua maioria, utilizariam novamente o processo apresentado, sem restrições, apesar do fracasso.

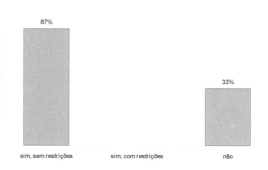

Figura 6.13: Questão sobre utilização futura do processo tradicional

Finalmente, alguns dos pesquisados que utilizaram o processo tradicional comentaram livremente o trabalho. Alguns depoimentos interessantes foram:

> *"O laboratório foi muito complicado para meu grupo, pois todos os componentes de métodos tradicionais me abandonaram. Logo, fiquei sozinho e seria necessário mais empenho desses "cretinos" [colegas do grupo] para a conclusão do trabalho em qualquer que fosse a tecnologia usada. A formação aleatória do grupo causou uma soma de fatores ruins, não sendo formado por afinidades ou habilidades."*

> *"Como o grupo não tinha experiência, o laboratório se tornou muito complexo. A ansiedade de se tornar um profissional e a falta de resultados imediatos levaram à insatisfação... O mundo vive uma agorafobia".*

> *"As pessoas querem coisas mais objetivas do que conceituais. Por isso os métodos ágeis funcionam de uma forma melhor, encontrando soluções mais imediatas. Métodos ágeis motivam mais a equipe."*

> *Membro do grupo Tradicional A*

> *"...A falta de responsabilidade da minha parte e de outros da equipe...e a falta de interesse ocasionaram em alguns a desistência desse trabalho. Além do mais, os equipamentos não estavam totalmente à disposição. Quanto ao tempo, não tenho reclamações, porém não existiu o companheirismo dos colegas e o auxílio mútuo do qual estava esperando..."*

> *Membro do grupo Tradicional B*

Aos grupos que utilizaram as práticas ágeis, de forma similar, foi feita a seguinte questão: **"Quais foram os problemas encontrados durante o trabalho?"**. As figuras 6.14 e 6.15 apresentam, de forma gráfica, as respostas dos entrevistados.

Escopo irreal ou ambicioso

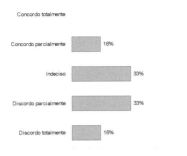

Problemas de modelagem

Falta de tempo para o projeto

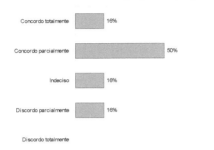

Falta de experiência em projeto de jogos

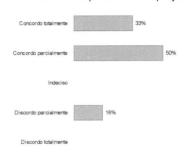

Falta de conhecimento em eng. de software

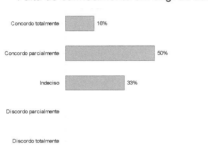

Falta de documentação

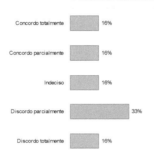

Problemas de comunicação

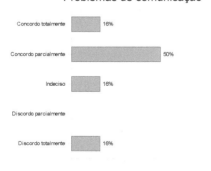

Problemas na montagem da equipe

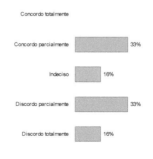

Perda de membros da equipe

Problemas tecnológicos

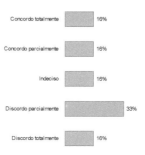

Figura 6.14: Problemas relatados por críticos éricos

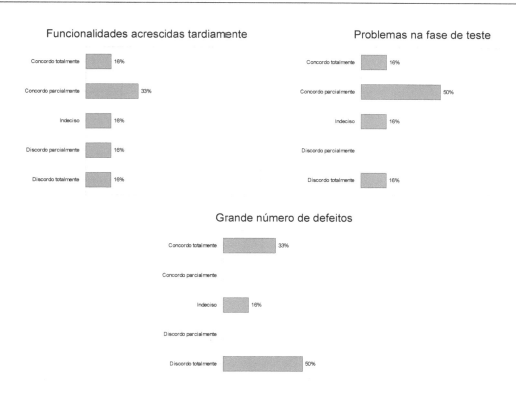

Figura 6.15: Problemas relatados - prática ágeis

A partir das respostas coletadas, é possível perceber que o principal problema relatado foi a **perda de membros da equipe**, com 83% dos entrevistados declarando concordar totalmente que esse foi um problema enfrentado. A falta de **experiência em projetos de jogos**, com 83% dos entrevistados relatando o problema, bem como a **falta de conhecimento em engenharia de software** e a **falta de tempo**, com 66%, puderam ser destacados, além de **problemas na fase de teste**.

É especialmente interessante notar que o **escopo irreal ou ambicioso**, o problema mais freqüentemente encontrado em projetos de jogos, não foi percebido pela maioria dos entrevistados (87% discordaram ou ficaram indecisos), sendo que nenhum dos entrevistados concordou totalmente que esse foi um problema enfrentado durante o projeto. A **falta de documentação**, problema costumeiramente relatado pelos críticos dos métodos ágeis, não foi uma unanimidade, com 66% dos entrevistados acreditando que esse problema não foi encontrado. O **grande número de defeitos** também não foi um problema fortemente percebido.

Como os grupos que empregaram as práticas ágeis atingiram a fase de implementação, foi possível aplicar-lhes questões sobre as atividades e práticas adotadas. Assim, a questão seguinte respondida foi: **"Durante o laboratório foram, propostas diversas atividades. Por favor, classifique-as quando a sua utilidade no processo de desenvolvimento de jogos."**. A figura 6.16 apresenta os resultados.

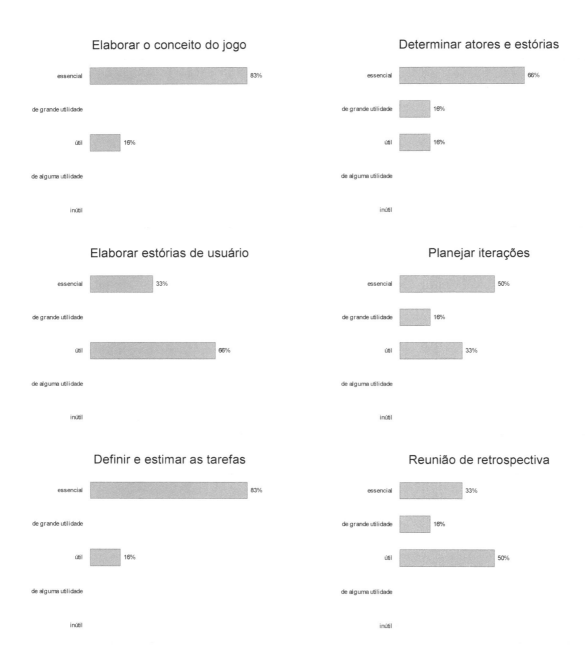

Figura 6.16: Atividades propostas

De acordo com as respostas dos questionários, as atividades **"elaborar o conceito do jogo"** e **"definir e estimar estórias"** foram consideradas **essenciais** por **83%** dos pesquisados. Também a atividade de **"determinar atores e estórias"** foi considerada essencial (66%) ou de grande utilidade (17%) por 83% dos participantes. Um resultado interessante foi que ninguém classificou qualquer atividade como *"inútil"* ou *"de alguma utilidade"*. Também chamou a atenção que 67% dos pesquisados classficaram a atividade **"elaborar estórias de usuário"** como somente *"útil"*, abaixo até mesmo das atividades de **"planejar iterações"** e **"reunião de retrospectiva"**.

A questão seguinte tratou da utilização das práticas ágeis: **"Durante o trabalho, várias práticas ágeis foram utilizadas. Por favor, segundo a sua experiência, classifique a atividade quanto a sua utilidade no processo de desenvolvimento de jogos"**. As respostas dessa questão foram agrupadas na figura 6.17.

Se analisarmos os gráficos da figura 6.17, poderemos constatar que o **projeto simples** foi classificado como *"essencial"* ou *"de grande utilidade"* por **100%** dos pesquisados. A **modelagem ágil** e a **programação em pares** também foram consideradas práticas de grande utilidade para o projeto. É interessante perceber o alto grau de aceitação das práticas adotadas, visto que a grande maioria dos participantes classificou-as como, no mínimo, úteis. O pior conceito foi dado à **reunião de pé**, classificada como *"inútil"* por 33% dos pesquisados.

Ao serem perguntados se utilizariam novamente as práticas ágeis no desenvolvimento de um novo projeto de jogo, **todos** os participantes responderam que "Sim", sendo que 83% utilizariam sem restrições e 17% utilizariam com restrições, como pode ser observado na figura 6.18.

Finalmente, os pesquisados que utilizaram as práticas ágeis comentaram livremente o trabalho. Alguns depoimentos interessantes foram feitos pelos integrantes dos grupos Ágil A e B:

*Achei meio que desorganizado o trabalho em grupo. Se todos tivessem trabalhado como deveriam, o jogo teria saído muito melhor! Uma dificuldade foi o fato de que não tínhamos muito conhecimento sobre as ferramentas utilizadas. Reparei que precisava muito editar imagens ou fazer animações; atividades que não tinha conhecimento para realizar. O Game Maker, em si, achei bem fácil de programar, através daqueles blocos com funções, não exigindo muito que você aprendesse os comandos particulares do programa. Com a finalização do projeto, adquiri uma boa experiência de como montar um jogo. **Achei muito importante ter aquela estrutura inicial, pois acaba que você não fica perdido no que fazer, ganhando mais tempo e agilidade em concluir o projeto.** O processo de modelagem propiciou um trabalho maior em equipe; gostei da modelagem em equipe. A divisão do projeto foi essencial. Quando começamos a fazer é que aparecem coisas. **Os cartões fazem você não aumentar o projeto. Se projetamos isso, vamos fazer só isso!** O projeto*

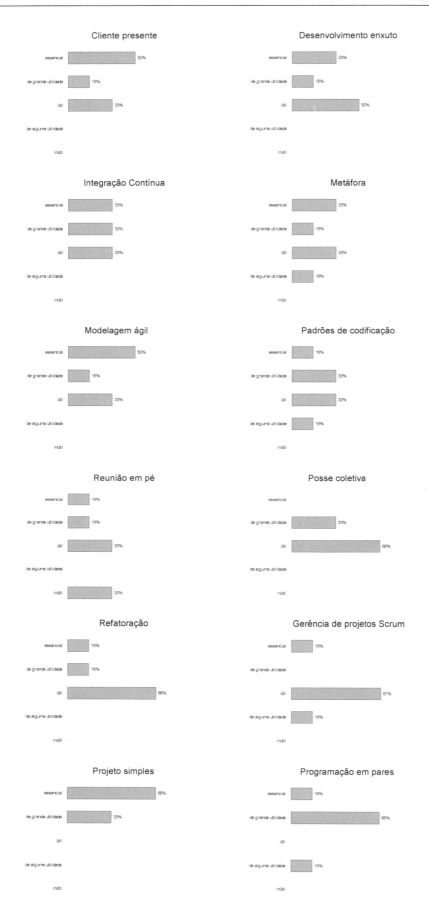

Figura 6.17: Práticas ágeis utilizadas no laboratório

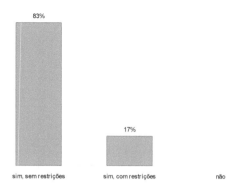

Figura 6.18: Questão sobre utilização futura das práticas ágeis

simples também ajudou a finalizar o jogo.

*Foi uma boa experiência, apesar de poucas pessoas do grupo realmente terem trabalhado no jogo. ... A modelagem focou o trabalho. Sem as práticas, no tempo que tínhamos, não teríamos conseguido concluir o jogo. Trabalhamos sobre o planejado, os post-its. ... **Seguir o mais simples possível foi fundamental para o sucesso do projeto.** Se tivéssemos usado a matriz de palavras não teríamos conseguido. **Simplificamos para completar as tarefas, sem retirar nenhuma funcionalidade.***

Membros do grupo Ágil A

*Achei bom o trabalho em grupo, todos criando juntos uma idéia nova ao jogo. **Achei muito útil o uso dos cartões, fazendo com que não nos perdêssemos.** Os problemas que eu tive foram com o programa [Game Maker]...*

*Foi de grande utilidade o laboratório proposto... A utilização de casos de uso e a modelagem me deram uma visão sobre como começar um projeto de jogo; **me ajudou muito a ter uma visão ampla do que é "criar um jogo". Como iniciar o projeto, concluí-lo no prazo pedido e nunca torná-lo inviável.** Certamente me motivou bastante.*

Membros do grupo Ágil B

6.7 Comparando os resultados dos grupos

Com todas as respostas coletadas, podemos aplicar as mesmas técnicas do capítulo 2[6], do capítulo 4 e as práticas da instância do GAMA, organizada na seção 5.2, para a elaboração da tabela 6.1, pela qual podemos comparar os resultados obtidos pelos quatro grupos.

---

[6] Os problemas com a **montagem da equipe** e **orçamento extrapolado**, não se aplicam às características do laboratório, não tendo sido avaliadas.

Tabela 6.1: Problemas e boas práticas encontrados nos grupos

Grupo	Escopo irreal ou ambicioso	Features acrescidas tardiamente	Features retiradas durante o desenvolvimento	Problemas de projeto	Atraso ou otimismo no Cronograma	Problemas Tecnológicos	Crunch Time	Falta de Documentação	Problemas de Comunicação	Problemas com Ferramentas	Problemas na fase de teste	Grande número de defeitos	Perda de Profissionais	Total	% de problemas encontrados no projeto
Tradicional A	Sim	Sim	Sim	Sim	Sim	Sim	Sim	Sim	Sim	Sim	Sim	Sim	Sim	13	100,0%
Tradicional B	Sim	Sim	Sim	Sim	Sim	Sim	Sim	Não	Sim	Sim	Sim	Sim	Sim	12	92,3%
Ágil A	Não	Não	Não	Não	Não	Sim	Não	Não	Sim	Sim	Não	Não	Sim	4	30,8%
Ágil B	Não	Não	Não	Sim	Sim	Sim	Sim	Não	Sim	Sim	Sim	Sim	Sim	9	69,2%
Ocorrências	2	2	2	3	3	4	3	1	4	4	3	3	4	38	9,5
%	50%	50%	50%	75%	75%	100%	75%	25%	100%	100%	75%	75%	100%	73,1%	73,1%

Grupo	Desenvolvimento Enxuto	Gerência de Projetos Scrum	Casos de Uso	Modelagem Ágil	Projeto Simples	Reunião de Pé	Programação em Pares	Posse Coletiva	Ritmo Sustentável	Desenvolvimento guiado por teste	Refatoração	Integração Contínua	Padrões de Codificação	Total	% de boas práticas encontradas no projeto
Tradicional A	Não	Não	Sim	Não	Não	Não	Não	Não	Não	Não	Não	Não	Não	1	8%
Tradicional B	Não	Não	Não	Não	Não	Não	Não	Não	Não	Não	Não	Não	Não	0	0%
Ágil A	Sim	Sim	Sim	Sim	Sim	Não	Sim	Sim	Sim	Não	Não	Não	Não	8	62%
Ágil B	Sim	Não	Sim	Sim	Sim	Não	Sim	Não	Não	Não	Não	Não	Não	5	38%
Ocorrências	2	1	3	2	2	0	2	1	1	0	0	0	0	14	3,5
%	50%	25%	75%	50%	50%	0%	50%	25%	25%	0%	0%	0%	0%	27%	27%

Ao analisarmos os dados da tabela 6.1, percebemos a grande dificuldade enfrentada pelos grupos que adotaram as práticas tradicionais. Evidentemente, como não conseguiram produzir nenhum software, tiveram todos os problemas possíveis. Por outro lado, os grupos que adotaram as práticas ágeis obtiveram resultados melhores, especialmente o grupo Ágil A.

Ao agruparmos novamente os resultados do percentual de problemas encontrados com o percentual das boas práticas adotadas, é possível construir a tabela 6.2, similar à tabela 5.2. Se calcularmos agora a correlação linear dos dados das variáveis x e y, vamos encontrar o valor de $r = -0,96$. Esse resultado indica uma correlação linear muito forte entre as práticas adotadas e a redução dos problemas encontrados durante a execução dos projetos.

Se agora calcularmos o índice de impacto dos grupos, veremos que o Ágil A, o qual conseguiu concluir o projeto totalmente, teve um γ de **2,0**, indicando um importante efeito das práticas ágeis sobre os resultados do projeto. Por outro lado, mesmo tendo o grupo Ágil B adotado quase as mesmas práticas, a falta de gerenciamento acarretou um grande impacto no projeto, além de problemas internos, resultando em um índice $\gamma = 0,56$. O gráfico da figura 6.19 nos ajuda a comparar melhor os valores de γ para cada projeto.

Tabela 6.2: Comparativo entre o problemas e práticas encontradas por grupo

Equipe	% de problemas encontrados no projeto (y)	% de boas práticas encontradas no projeto (x)	Índice de Impacto ($\gamma = y/x$)
Tradicional A	100%	8%	0,08
Tradicional B	92%	0%	0,00
Ágil A	31%	62%	**2,00**
Ágil B	69%	38%	0,58

Finalmente, se realizarmos a mesma análise feita na seção 5.1.4, que propôs um nível de maturidade para os projetos, segundo as práticas adotadas, podemos perceber, com o auxílio da figura 5.4, que a maturidade ágil dos projetos tradicionais foi zero. O grupo Ágil B, por não ter conseguido adotar as práticas de gerenciamento e ter adotado somente a programação em pares, pode ser classificado como uma equipe AML 1. Já o grupo Ágil A, que conseguiu adotar várias práticas do nível 2, mesmo não adotando padrões de codificação, pode ser considerado uma equipe AML 2.

6.8 Análise dos resultados

Os grupos que utilizaram o processo tradicional de desenvolvimento de jogos obtiveram resultados decepcionantes. A utilização do processo tradicional de desenvolvimento de jogos,

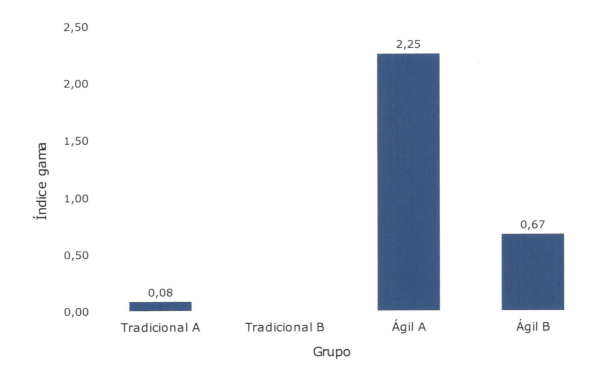

Figura 6.19: Índice γ obtidos pelos grupos do estudo de caso

no cenário de trabalho proposto pelo Laboratório, mostrou-se ineficaz, pois os dois projetos que utilizaram esse processo fracassaram. Nitidamente, a falta de conhecimentos e experiência em engenharia de software dos participantes influenciaram nos resultados, mostrando que o processo tradicional exige profissionais que aceitem realizar essas tarefas de projeto, tenham treinamento e experiência para tomar um grande número de decisões antecipadamente.

Vários dos problemas descritos no capítulo 2 foram encontrados no decorrer do trabalho dos dois grupos, especialmente os problemas de comunicação e os de escopo. No grupo que conseguiu realizar algum trabalho de projeto, claramente o escopo irreal e ambicioso surgiu durante as discussões da equipe, no qual efeitos visuais sofisticados, personagens, inúmeras fases e interfaces complexas foram propostas. Mesmo sendo orientados para que fizessem um jogo simples, a proposta de se projetar o jogo completo fez com que cada integrante do grupo quisesse acrescentar uma funcionalidade mais interessante que o outro, pois tudo deveria ser definido antes da implementação.

Os dois grupos que utilizaram as práticas ágeis propostas obtiveram resultados expressivos ao longo do trabalho. Cabe ressaltar que um dos projetos foi implementado até o final, sendo que mais níveis foram acrescidos ao projeto inicial. De forma surpreendente, pela falta de experiência dos participantes, o resultado final, que pode ser constado na figura 6.20, mostrou-se muito criativo e divertido, mesmo em um jogo simples de forca e implementado sem programação. A qualidade do produto construído pelo grupo sugere uma correlação direta entre as práticas adotadas e o resultado final, especialmente na fase de criação e modelagem, indicando que a adotação de práticas ágeis auxiliam na elaboração de jogos.

Figura 6.20: Resultado final do jogo

A manutenção da motivação e do entusiasmo foi outro aspecto interessante que pode ser destacado. Os integrantes dos grupos percebiam os resultados rápidos na evolução do jogo, vendo suas idéias materializarem-se em artefatos e posteriormente no projeto funcionando. Isso proporcionou-lhes a sensação real de estarem construindo um jogo, em um processo de fluxo contínuo entre projeto e implementação.

Analisando os resultados produzidos pelos participantes dos grupos que trabalharam com o processo tradicional, podemos extrair algumas considerações:

- o processo tradicional exige profissionais treinados e experientes;

- a elaboração de documentos de projeto completos nas fases iniciais pode levar ao escopo irreal e ambicioso, que é o principal problema da indústria de jogos;

- a visão fragmentada em vários documentos pode ocasionar problemas de comunicação na equipe, dificultando o trabalho coletivo;

- o processo tradicional tem elevado risco de fracasso para projetos de pequeno porte, impondo obrigações incompatíveis para equipes pequenas e com poucos recursos;

- o processo tradicional é difícil de ser implantado em projetos acadêmicos de jogos eletrônicos, sem sanções formais aos participantes que não realizarem o trabalho;

Se analisarmos os resultados produzidos pelos participantes dos grupos que aplicaram as práticas ágeis no desenvolvimento dos seus projetos, podemos extrair algumas conclusões:

- mesmo em equipes inexperientes, as práticas ágeis mostraram-se eficazes, produzindo resultados concretos rapidamente;

- as práticas de modelagem ágil auxiliaram na comunicação e no envolvimento de todos os integrantes do grupo, reduzindo os conflitos e preservando a integridade da equipe;

- as práticas ágeis ajudaram a controlar o escopo, reforçando o projeto mais simples possível;

- o trabalho em equipe foi potencializado, mesmo nas fases iniciais do projeto;

- a motivação e o entusiasmo se mantiveram até o final do projeto, devido aos resultados concretos obtidos incrementalmente;

- é possível inferir que a adoção de práticas ágeis é uma abordagem mais adequada para projetos acadêmicos de jogos eletrônicos, mantendo a equipe motivada ao longo de todo o ciclo de desenvolvimento.

7   CONCLUSÃO

Com o objetivo de finalizar o trabalho, este último capítulo apresenta as conclusões dos estudos realizados. Na primeira seção, resumiremos os resultados obtidos ao longo dos capítulos anteriores. Na seção seguinte, é feito um apanhado das limitações impostas ao trabalho. Finalmente, com o propósito de estender e mitigar suas limitações, dedicamos a última seção para a elaboração de propostas de continuidade deste estudo.

7.1   Resumo dos resultados

A maior contribuição deste trabalho foi ter ajudado a organizar o universo das práticas ágeis para o domínio de jogos, a partir da análise dos problemas e das boas práticas encontrados na indústria de jogos, sendo um ponto de partida para o uso dos métodos ágeis no processo de desenvolvimento de jogos eletrônicos.

No capítulo 1, algumas questões haviam sido propostas e, com o intuito de respondê-las, os objetivos deste trabalho foram traçados. Buscando atendê-los, vários resultados foram obtidos e analisados ao longo dos capítulos anteriores. A fim de facilitar a análise, eles foram reunidos resumidamente, sendo apresentados de forma seqüencial. As contribuições mais relevantes deste estudo são:

- A partir do levantamento feito através da análise de *postmortems*, com o foco em aspectos da engenharia de software, vemos que os problemas da indústria de jogos mais citados foram o **escopo irreal ou ambicioso** e *features* **acrescidas tardiamente**, com **75% (15 em 20)** dos projetos relatando esses dois problemas, seguidos da **retirada de features durante o desenvolvimento**, com 70% dos projetos citando-o (14 em 20). Em terceiro lugar, foram citados os **problemas na fase de projeto** e **atraso ou otimismo no cronograma**, com 65%. Também os **problemas tecnológicos**, com 60% (12 em 20) puderam ser destacados.

- O estudo dos *postmortems* mostra que, provavelmente, o **escopo irreal ou o otimismo exagerado**, principalmente na estimação do esforço necessário à execução das tarefas, são fatores determinantes na ocorrência da maioria dos problemas. Esse problema mostrou-se quase universal, sendo encontrado tanto em sistemas de informação quanto em projetos de jogos, com um percentual de 75% dos projetos de jogos analisados e claramente destacado por Yourdon [2003], Brooks [1995a] e DeMarco e Lister [2003]. A partir desses resultados, é possível inferir que **tanto a indústria tradicional quando a de jogos não sofrem essencialmente de problemas tecnológicos, mas sim de problemas gerenciais**.

- De fato, **todos os principais problemas da indústria tradicional de software são encontrados também na indústria jogos**, sendo possível constatar que estão correlacionados. Em ambos os estudos, o escopo irreal foi destacado, assim como os problemas com o levantamento de requisitos.

- Um problema que pode ser destacado como específico da indústria de jogos é a comunicação na equipe. Mesmo que a heterogeneidade da equipe seja positiva, no sentido de tornar o ambiente de trabalho mais criativo, parece produzir uma verdadeira cisão na equipe, sendo então nitidamente dividida em "os artistas" e "os programadores". Tipicamente, essa divisão não existe na indústria de software tradicional, acarretando em importantes problemas de comunicação, pois ambas acreditam estarem comunicando-se de forma clara ao utilizarem seu linguajar específico, o que é uma grande fonte de desentendimentos.

- Também a partir do levantamento feito, através da análise de *postmortems* com o foco em aspectos da engenharia de software, vemos que as boas práticas mais citadas foram a **equipe qualificada, motivada ou coesa** e a **crença no sucesso do projeto** com **90% (18 em 20)** dos projetos relatando essas duas práticas. Em seguida, destacaram-se o **estímulo à criatividade** e o **foco no produto**, com 80% dos projetos citando-as (16 em 20). Ainda nesse contexto, as outras duas práticas mais encontradas foram o **controle de versão**, com 65% (13 em 20) e o **uso de ferramentas simples ou produtivas**, com 60%.

- As práticas gerenciais são uma carência clara na indústria de jogos. Não chega a 50% o número de projetos nos quais se identifica a adoção de um **processo definido** de trabalho e somente 25% (5 em 20) dos projetos adotaram **boas práticas de gerenciamento**. Além disso, somente 40% dos projetos utilizaram práticas de controle de qualidade e foi de 10% (2 em 20) a ocorrência constatada na aplicação da **integração contínua** nos projetos.

- Mesmo de forma *ad hoc* e isolada, as equipes de desenvolvimento de jogos vêm adotando um conjunto de práticas ágeis. Nesse cenário, a implantação de métodos ágeis, como o Scrum e o XP, pode ocorrer naturalmente, visto que as equipes já utilizam, em suas rotinas, vários princípios da agilidade.

- Quando cotejamos o percentual dos problemas e das boas práticas relatados pelos *postmortems*, encontramos uma **correlação linear moderada** entre as duas variáveis, possibilitando a **criação** de um índice que gradua o impacto das boas práticas frente aos problemas: o **Índice de Impacto ou Índice** γ. Esse índice é formado pelo quociente entre o percentual de boas práticas encontradas e o percentual de problemas relatados, representando o quanto a adoção de boas práticas influencia na resolução de problemas. Assim, quanto maior o fator γ, maior é o impacto das práticas para reduzir o número de problemas.

- Por sua condição adimensional e por ser baseado em valores relativos, o índice γ pode ser usado por qualquer um que necessite avaliar se seus problemas estão sendo resolvidos com a adoção de certas práticas, independentemente do processo adotado.

- É possível agrupar as práticas ágeis discutidas em um diagrama que representa o grau de maturidade necessária à implantação de uma determinada prática, formando a Pirâmide de Maturidade Ágil, sendo uma forma visual de organizarmos as práticas ágeis pelo nível de maturidade necessário a sua implantação. É, de fato, uma referência à escolha de quais práticas podem ser utilizadas em níveis diferentes de maturidade da equipe, visto que a implantação de todas as práticas, simultaneamente, costuma ser uma abordagem com pouco êxito. A fim de estabelecer um nível de maturidade ágil necessária à implantação de certas práticas, podemos classificá-las em três níveis, chamados de *Agile Maturity Level* (AML) 1, 2 ou 3.

- A partir do estudo das boas práticas adotadas em jogos e do estado da arte dos métodos ágeis, foi possível extrair o *Game Agile Methods Applied* (GAMA), um conjunto de práticas ágeis aplicáveis ao desenvolvimento de jogos eletrônicos. O GAMA é uma seleção de vários métodos ágeis, conjugando os princípios e as práticas do Desenvolvimento Enxuto de Software, do Scrum, do eXtreme Programming e da Modelagem Ágil.

- O GAMA é um processo de referência, um ponto de partida para que equipes de jogos possam adotar os métodos ágeis de forma gradual. Ele não deve ser utilizado sem uma avaliação e o devido aculturamento, necessitando ser contextualizado para cada equipe e dentro de cada projeto, como foi exposto no manifesto ágil e, especialmente, nos princípios do desenvolvimento enxuto de software. As várias práticas foram selecionadas e organizadas de modo a propor uma forma de resolução dos problemas encontrados no desenvolvimento de jogos eletrônicos, mas não têm a intenção de impor uma ordem rígida a sua execução.

- Com base no estudo de caso, é possível concluir que o processo tradicional de desenvolvimento de jogos eletrônicos exige profissionais treinados e experientes.

- A elaboração de documentos de projeto completos nas fases iniciais pode levar ao escopo irreal e ambicioso, que é o principal problema da indústria de jogos. Além disso, a visão fragmentada em vários documentos pode ocasionar problemas de comunicação na equipe, dificultando o trabalho coletivo.

- O processo tradicional tem elevado risco de fracasso para projetos de pequeno porte, impondo obrigações incompatíveis para equipes pequenas e com poucos recursos. Esse processo é especialmente difícil de ser implantado em projetos acadêmicos de jogos eletrônicos, **sem sanções formais** aos participantes que não realizarem o trabalho.

- Os resultados apresentados por Xu e Rajlich [2006] sugerem que os programas escritos utilizando-se algumas práticas ágeis foram **feitos mais rapidamente e com uma qualidade mais alta**; passaram em mais casos de teste, produziram códigos mais claros e com alta coesão, criando um número razoável de métodos. Baseado nesses resultados, Xu e Rajlich [2006] chegaram a conclusão que a aplicação das práticas ágeis do XP pode ser útil no desenvolvimento de jogos eletrônicos.

- Com os resultados do estudo de caso, é possível concluir que, mesmo em equipes inexperientes, as práticas ágeis mostraram-se eficazes, produzindo resultados concretos rapidamente.

- As práticas de modelagem ágil auxiliaram na comunicação e no envolvimento de todos os integrantes do grupo, reduzindo os conflitos e preservando a integridade da equipe. Essas práticas ajudaram a controlar o escopo, reforçando o projeto mais simples possível, potencializando o trabalho em equipe, mesmo nas fases iniciais do projeto; a motivação e o entusiasmo se mantiveram até o final do projeto, devido aos resultados concretos obtidos incrementalmente.

- É possível inferir que a adoção de práticas ágeis é uma abordagem mais adequada para projetos acadêmicos de jogos eletrônicos, mantendo a equipe motivada ao longo de todo o ciclo de desenvolvimento.

- Ao analisarmos os processos iterativos, em especial os métodos ágeis, associados a práticas de modelagem ágil, podemos constatar que a indústria de jogos tem na agilidade um meta-processo, que contempla e se identifica com as necessidades da indústria de jogos eletrônicos. Com os resultados encontrados de que ela já adota um conjunto expressivo de boas práticas, é possível afirmar que a indústria de jogos pode beneficiar-se imensamente com a utilização de um conjunto ainda mais completo e sistematizado de práticas ágeis, abrangendo atividades de gerência de projetos (em especial gerência de requisitos e risco) e qualidade de software.

7.2 Limitações do trabalho

Com o intuito de manter o escopo do trabalho, este estudo acabou apresentando algumas restrições. As principais limitações encontradas foram:

- Apesar de relevantes, todos os *postmortems* analisados foram de projetos concluídos e com um jogo entregue. Não foram analisados projetos cancelados ou que, apesar dos esforços, não conseguiram produzir um jogo completo para o mercado. Essa abordagem pode ter levado a resultados mais otimistas sobre os projetos.

- O fato de os *postmortems* não contarem com uma estrutura formal para sua elaboração, sendo formados basicamente de relatos em linguagem textual, fez com que a tabulação dos problemas e das boas práticas dependesse significativamente da interpretação do texto feita pelo pesquisador. Por isso, critérios de julgamento diferentes podem ser adotados por pesquisadores diferentes.

- Pelas dificuldades de tempo e confidencialidade, o escopo do estudo de caso restringiu-se ao ambiente acadêmico, construindo um jogo simples e limitando-se aos temas discutidos ao longo do trabalho. As empresas de desenvolvimento em geral **não** aceitam que informações sobre seu processo e suas práticas de trabalho sejam conhecidas por membros externos à empresa (como um aluno de mestrado e seu orientador) e nem que sejam divulgados. De fato, algumas tratativas foram feitas nesse sentido e isso se confirmou em todas elas. Além dessas dificuldades, o acompanhamento do desenvolvimento de um jogo profissional implicaria em um período de pesquisa maior do que o tempo disponível para a elaboração desta dissertação.

7.3   Perspectivas futuras

Os resultados obtidos neste trabalho, bem como suas limitações, suscitam várias possibilidades para novas pesquisas. Assim, podemos relacionar algumas sugestões vislumbradas:

- Utilizando a metodologia adotada por Callele, Neufeld e Schneider [2005] para análise dos *postmortems*, refazer este estudo, comparando seus resultados, analisando as similaridades e diferenças.

- Um trabalho interessante poderia ser o atendimento da demanda feita por Flynt e Salem [2004], desenvolvendo-se técnicas específicas para melhorar a investigação e verificação dos requisitos em projetos de jogos eletrônicos.

- Atendendo a demanda de McShaffry [2003], propor um conjunto de ferramentas ou artefatos capazes de auxiliar na modelagem da diversão para projetos de jogos.

- Uma possibilidade interessante deste trabalho seria a execução de novos estudos de caso, similares ao realizado em ambiente acadêmico, agora em empresas de jogos digitais de vários portes.

- Utilizando a técnica de análise de problemas e boas práticas apresentada, estender o estudo da correlação entre práticas e problemas para outros domínios da indústria de software, como sistemas tradicionais de informação, avaliando se a linearidade entre problemas e práticas continua verdadeira.

- Um trabalho futuro interessante poderia ser o estudo da generalização do índice γ para qualquer conjunto de práticas de engenharia de software, podendo ser utilizado como ferramenta quantitativa de avaliação de processos, possibilitando a mensuração do impacto de um conjunto de práticas sobre os problemas encontrados em um projeto. Para isso, pode ser interessante a execução de vários experimentos, incrementado gradativamente as práticas utilizadas e avaliando a variação de γ nos projetos.

- Como uma evolução deste trabalho, é possível sistematizar o GAMA, criando um processo otimizado para a indústria de jogos eletrônicos, talvez utilizando também as propostas do *Essencial Unified Process* [JACOBSON, 2008].

- Finalmente, propor o estudo mais aprofundado da aplicação dos conceitos de não-linearidade, emergência e sistemas auto-organizados, propostos por Johnson [2004] e Rouse [2001], com o objetivo de buscar novas formas de criação da diversão para jogos eletrônicos.

Referências Bibliográficas

ABRAHAMSSON, P. et al. **Agile software development methods: review and analysis**. Finlândia: VTT Publications, 2002. 107 p.

AGILE ALLIANCE. **Principles: the agile alliance**. USA, april 2006. Acesso em: 2008. Disponível em: <http://www.agilemanifesto.org/principles.html>.

AMBLER, S. **Extreme Modeling**. Canada, june 2001. Disponível em: <http://www.ddj.com/dept/architect/184414673>.

AMBLER, S. **An Introduction to Agile Modeling**. Canada, april 2006. Acesso em: 2008. Disponível em: <http://www.agilemodeling.com/essays/introductionToAM.htm>.

AMBLER, S. W. **Modelagem Ágil**. São Paulo: Bookman, 2004.

AUER, K.; MILLER, R. **Extreme Programming Applied: playing to win**. New York: Addison-Wesley, 2001.

BACH, J. **The Challenge of "Good Enough" Software**. USA, october 1995. Acesso em: 2008. Disponível em: <http://www.informal.com.br/insight/insight56.htm>.

BACH, J. Enough about process: What we need are heroes. **IEEE Software**, IEEE Computer Society, Los Alamitos, CA, USA, v. 12, n. 2, p. 96–98, 1995. ISSN 0740-7459.

BACH, J. Good enough quality: Beyond the buzzword. **Computer**, IEEE Computer Society, Los Alamitos, CA, USA, v. 30, n. 8, p. 96–98, 1997. ISSN 0018-9162.

BARRETT, K. et al. Postmortem: Cel damage. **Gamasutra - The Art & Business of Making Games**, february 2002. Acesso em: 2008. Disponível em: <http://www.gamasutra.com/features/20020227/wu_01.htm>.

BECK, K. **Extreme Programming Explained: embrace change**. 1ª. ed. USA: Addison-Wesley Professional, 1999.

BERNSTEIN, R. Postmortem: trade empires. **Gamasutra - The Art & Business of Making Games**, january 2002. Acesso em: 2008. Disponível em: <http://www.gamasutra.com/features/20020125/bernstein_01.htm>.

BETHKE, E. **Game Development and Production**. Plano: Wordware Publishing, 2003.

BILAS, S. Postmortem: Gabriel knight 3. **Gamasutra - The Art & Business of Making Games**, october 2000. Acesso em: 2008. Disponível em: <http://www.gamasutra.com/features/20001011/bilas_01.htm>.

BIRK, A.; DINGSOYR, T.; STALHANE, T. Postmortem: never leave a project without it. **IEEE Software**, v. 19, may/june 2002.

BLOW, J. Game development: Harder than you think. **Queue**, ACM, New York, NY, USA, v. 1, n. 10, p. 28–37, 2004. ISSN 1542-7730.

BOLLINGER, T. The interplay of art and science in software. **Computer**, IEEE Computer Society, Los Alamitos, CA, USA, v. 30, n. 10, p. 128,125–127, 1997. ISSN 0018-9162.

BROOKS, F. P. **The Mythical Man-Month - Essays on Software Engineering**. Anniversary edition. USA: Addison-Wesley Professional, 1995.

BROOKS, J. F. P. The mythical man-month: After 20 years. **IEEE Software**, IEEE Computer Society, Los Alamitos, CA, USA, v. 12, n. 5, p. 57–60, 1995. ISSN 0740-7459.

BROOKS JR., F. P. No silver bullet essence and accidents of software engineering. **Computer**, IEEE Computer Society Press, Los Alamitos, CA, USA, v. 20, n. 4, p. 10–19, 1987. ISSN 0018-9162.

BRYANT, A. It's engineering jim ... but not as we know it: software engineering - solution to the software crisis, or part of the problem? In: **International Conference on Software Engineering**. Proceedings... Limerick, Ireland: IEEE Computer Society, 2000. p. 78–87.

BURRIL, C. W.; ELLSWORTH, L. W. **Quality Data Processing: the profit potential for the 80s**. 1ª. ed. Tenafly, N.J.: BEA, 1982. (The Data Processing Handbook).

Business 2.0. The 50 who matter now. **Business 2.0**, v. 8, n. 6, july 2007. Acesso em: 2008. Disponível em: <http://money.cnn.com/galleries/2007/biz2/0706/gallery.50whomatter.biz2/33.html>.

CALLELE, D.; NEUFELD, E.; SCHNEIDER, K. Requirements engineering and the creative process in the video game industry. In: **13th IEEE International Conference on Requirements Engineering**. Proceedings... Washington, DC, USA: IEEE Computer Society, 2005. p. 240–252.

CHARETTE, R. N. Why software fails. **IEEE Spectrum**, september 2005. Acesso em: 2008. Disponível em: <http://www.spectrum.ieee.org/computing/software/why-software-fails>.

COCKBURN, A. **Agile Software Development**. 1ª. ed. Reading, MA: Addison Wesley Longman, 2000.

COLLINS, S. Game graphics during the 8-bit computer era. **SIGGRAPH Comput. Graph.**, ACM, New York, NY, USA, v. 32, n. 2, p. 47–51, 1998. ISSN 0097-8930.

COOK, D. Evolutionary design - a practical process for creating great game designs. **GameDev.net**, january 2001. Acesso em: 2008. Disponível em: <http://www.gamedev.net/reference/articles/article1661.asp>.

CRAWFORD, C. **The Art of Computer Game Design**. [S.l.]: Mcgraw-Hill Osborne Media, 1984.

CRISPIN, L.; HOUSE, T. **Testing Extreme Programming**. [S.l.]: Addison Wesley, 2003. 306 p. (The Xp Series).

DEMACHY, T. Extreme game development: right on time, every time. **Gamasutra - The Art & Business of Making Games**, july 2003. Acesso em: 2008. Disponível em: <http://www.gamasutra.com>.

DEMARCO, T.; LISTER, T. **Peopleware: productive projects and teams**. 2ª. ed. A: Dorset House Publishing Company, 1999.

DEMARCO, T.; LISTER, T. **Waltzing with bears - managing risk on software projetcs**. [S.l.]: Dorset House Publishing, 2003.

FALSTEIN, N. Portrait of the artists in a young industry. **SIGGRAPH Comput. Graph.**, ACM, New York, NY, USA, v. 32, n. 2, p. 52–54, 1998. ISSN 0097-8930.

FLOOD, K. Game unified process. **GameDev.net**, may 2003. Acesso em: 2008. Disponível em: <http://www.gamedev.net/reference/articles/article1940.asp>.

FLYNT, J. P.; SALEM, O. **Software Engineering for Game Developers**. 1ª ed.. ed. [S.l.]: Course Technology PTR, 2004. (Software Engineering Series).

FOWLER, M. **Is Design Dead?** USA, july 2001. Acesso em: 2008. Disponível em: <http://www.ddj.com/dept/architect/184414721>.

FRISTROM, J. Postmortem: Draconus. **Gamasutra - The Art & Business of Making Games**, august 2000. Acesso em: 2008. Disponível em: <http://www.gamasutra.com/20000814/fristrom_01.htm>.

FROMMHOLD, D.; RöKEN, F. Automated tests and continuous integration in game projects. **Gamasutra - The Art & Business of Making Games**, march 2005. Acesso em: 2008. Disponível em: <http://www.gamasutra.com/features/20050329/roken_01.shtml>.

GERSHENFELD, A.; LOPARCO, M.; BARAJAS, C. **Game Plan: the insider's guide to breaking in and succeeding in the computer and vieo game business**. New York: St. Martin' s Griffin Press, 2003.

GIBSON, A. **Agile Game Development And Fun**. [S.l.], 2007.

GIL, N.; KIRKENDALL, R. Modeling design development in unpredictable enviroments. In: **Winter Simulation Conference**. USA: IEEE Computer Society, 2001. p. 515–522.

HABGOOD, J.; OVERMARS, M. **The Game Maker's Apprentice: Game Development for Beginners**. [S.l.]: Apress, 2006.

HAMANN, W. Goodbye postmortems, hello critical stage analysis. **Gamasutra - The Art & Business of Making Games**, july 2003. Acesso em: 2008. Disponível em: <http://www.gamasutra.com/resource_guide/20030714/hamann_pfv.htm>.

HIGHSMITH, J. **Agile Software Development Ecosystems**. 1ª. ed. USA: Addison Wesley, 2002.

HUEBNER, R. Postmortem: Nihilistic software's vampire: The masquerade – redemption. **Gamasutra - The Art & Business of Making Games**, august 2000. Acesso em: 2008. Disponível em: <http://www.gamasutra.com/features/20000802/huebner_01.htm>.

HUEBNER, R. Postmortem of nihilistic software's vampire: The masquerade – redemption. **Gamasutra - The Art & Business of Making Games**, august 2000. Acesso em: 2008. Disponível em: <http://www.gamasutra.com/features/20000802/huebner_01.htm>.

JACOBSON, I. **The Essential Unified Process - an introduction**. [S.l.], november 2008. Acesso em: 2008. Disponível em: <http://www.ivarjacobson.com/products/essup.cfm>.

JAISINGH, L. R. **Statistics for the Utterly Confused**. New York: McGraw-Hill Professional, 2006.

JEFFRIES, R.; ANDERSON, A.; HENDRICKSON, C. **Extreme Programming Installed**. [S.l.]: Addison-Wesley, 2001.

JOHNSON, S. **Emergence: the connected lives of ants, brains, cities, and software**. New York: Scribner, 2004.

JONES, C. Patterns of large software systems: Failure and success. **Computer**, IEEE Computer Society, Los Alamitos, CA, USA, v. 28, n. 3, p. 86–87, 1995. ISSN 0018-9162.

KASPERAVICIUS, L. C. C. et al. Ensino de desenvolvimento de jogos digitais baseado em metodologias Ágeis: o projeto primeira habilitação. In: **XXVIII Congresso da SBC - Workshop sobre Educação em Computação**. Anais... Belém do Pará: [s.n.], 2008. p. 89 – 98.

KEMERER, C. F. An empirical validation of software cost estimation models. **Commun. ACM**, ACM, New York, NY, USA, v. 30, n. 5, p. 416–429, 1987. ISSN 0001-0782.

KNIBERG, H. **Scrum an XP from the Trenches: how we do Scrum**. USA: InfoQ, 2007.

KREIMEIER, B. **The Case For Game Design Patterns**. http://www.gamasutra.com/features/20020313/kreimeier_01.htm, march 2002. Acesso em: 2008.

LARMAN, C.; BASILI, V. R. Iterative and incremental development: A brief history. **Computer**, IEEE Computer Society, Los Alamitos, CA, USA, v. 36, n. 6, p. 47–56, 2003. ISSN 0018-9162.

LEWIS, J. P. Limits to software estimation. **ACM SIGSOFT Software Engineering Notes**, v. 26, julho 2001.

MALENFANT, D. Postmortem: Wild 9. **Gamasutra - The Art & Business of Making Games**, janeiro 2000. Disponível em: <http://www.gamasutra.com/features/20000107/wild9_01.htm>.

MARCHESI, M. et al. **Extreme Programming Perspectives**. [S.l.]: Addison Wesley, 2002.

MCBREEN, P. **Questioning Extreme Programming**. New York: Addison Wesley, 2002. 224 p.

MCSHAFFRY, M. **Game Coding Complete**. Scottsdale: Paraglyph Press, 2003.

MEYNINK, T. Postmortem: Resident evil 2 for the n64. **Gamasutra - The Art & Business of Making Games**, julho 2000. Disponível em: <http://www.gamasutra.com/features/200000728/meynink_01.htm>.

MISIC, V. B. Perceptions of extreme programming: An exploratory study. **ACM SIGSOFT Software Engineering Notes**, v. 32, n. 2, p. 1, Março 2006.

MOLYNEUX, P. Postmortem: Black & white. **Gamasutra - The Art & Business of Making Games**, junho 2001. Disponível em: <http://www.gamasutra.com/features/20010613/molyneux_01.htm>.

MYLLYAHO, M. et al. A review of small and large post-mortem analysis methods. In: 17TH INTERNATIONAL CONFERENCE SOFTWARE & SYSTEMS ENGINEERING AND THEIR APPLICATIONS. **IEEE France**. Paris, 2004.

NATO. **Software Engineering - Report on a conference sponsored by the Nato Science Commitee**. Garmisch, Germany, October 1968.

PAUL MILLER. Top 10 pitfalls using scrum methodology for video game development. **Gamasutra - The Art & Business of Making Games**, 2007. Disponível em: <http://www.gamasutra.com>.

PETRILLO, F.; GOMIDE, C. F.; SILVA, A. de A. **Metodologia e Projeto de Software Orientados a Objetos: Modelando, Projetando e Desenvolvendo Sistemas com UML e Componentes Distribuídos**. 1ª. ed. São Paulo: Érica, 2003.

PETRILLO, F. et al. What went wrong? a survey of problems in game development. **SBGames'2007 - VI Brazilian Symposium on Computer Games and Digital Entertainment**, November 2007.

PETRILLO, F. et al. Houston, we have a problem...: A survey of actual problems in computer games development. **SAC'2008 - 23rd Annual ACM Symposium on Applied Computing**, p. 707–711, March 2008.

POPPENDIECK, M.; POPPENDIECK, T. **Lean Software Development: An Agile Toolkit**. [S.l.]: Addison Wesley, 2003.

POPPENDIECK, M.; POPPENDIECK, T.; POPPENDIECK, T. D. **Implementing Lean Software Development: From Concept to Cash**. [S.l.]: Addison Wesley, 2006.

PRESSMAN, R. S. **Engenharia de Software**. 6ª. ed. São Paulo: McGraw-Hill, 2006.

PRITCHARD, M. Postmortem: Age of empires ii: The age of kings. **Gamasutra - The Art & Business of Making Games**, março 2000. Disponível em: <http://www.gamasutra.com/features/20000307/pritchard_01.htm>.

RAGAINI, T. Postmortem: Asheron's call. **Gamasutra - The Art & Business of Making Games**, maio 2002. Disponível em: <http://www.gamasutra.com/features/20000525/ragaini_01.htm>.

REINHART, B. Postmortem: Unreal tournament. **Gamasutra - The Art & Business of Making Games**, junho 2000. Disponível em: <http://www.gamasutra.com/features/20000609/reinhart_01.htm>.

RIDGWAY, W. Postmortem: Rangers lead the way. **Gamasutra - The Art & Business of Making Games**, fevereiro 2000. Disponível em: <http://www.gamasutra.com/features/20000201/ridgeway_01.htm>.

ROOKE, F. **Postmortem: Monolith's TRON 2.0**. http://www.gamasutra.com/features/20030910/rooke_01.shtml, September 2003.

ROUSE, R. **Game Design: theory & practice**. [S.l.]: Wordware Publishing, Inc, 2001. ISBN 1-55622-735-3.

RUCKER, R. **Software Engineering and Computer Games**. [S.l.]: Addison Wesley, 2002.

SALADINO, M. Postmortem: Star trek: Hidden evil. **Gamasutra - The Art & Business of Making Games**, novembro 1999. Disponível em: <http://www.gamasutra.com/features/19991119/startrekpostmortem_01.htm>.

SCHAEFER, E. Postmortem: Diablo ii. **Gamasutra - The Art & Business of Making Games**, outubro 2000. Disponível em: <http://www.gamasutra.com/features/20001025/schaefer_01.htm>.

SCHEIB, V. Postmortem: Beam runner hyper cross. **Gamasutra - The Art & Business of Making Games**, novembro 2001. Disponível em: <http://www.gamasutra.com/features/20011109/whoopas_01.htm>.

SCHOFIELD, B. **Embracing Fun: Why Extreme Programming is Great for Game Development**. March 2007. Gamasutra: The Art & Business of Making Games. Disponível em: <http://www.gamasutra.com/features/20070301/schofield_01.shtml>.

SCHWABER, K. **Agile Project Management with Scrum**. [S.l.]: Microsoft Press, 2004.

SIKORA, D. Incremental development. **GameDev.net**, junho 2002. Disponível em: <http://www.gamedev.net/reference/articles/article1843.asp>.

SMITH, B. Postmortem: Tropico. **Gamasutra - The Art & Business of Making Games**, outubro 2001. Disponível em: <http://www.gamasutra.com/features/20011010/smith_01.htm>.

SOMMERVILLE, I. **Software Engineering**. 6th. ed. London: Addison-Wesley, 2001. (International computer science series).

SPANEL, O.; SPANEL, M. Postmortem: Operation flashpoint. **Gamasutra - The Art & Business of Making Games**, dezembro 2001. Disponível em: <http://www.gamasutra.com/features/20011219/spanel_01.htm>.

Standish Group. **Chaos**. [S.l.], 1995. Disponível em: <http://www.projectsmart.co.uk/docs/chaos_report.pdf>.

STEVENSON, W. J. **Estatística Aplicada à Administração**. São Paulo: Harbra, 1986.

STOJSAVLJEVIC, R. Postmortem: Westwood studios' command and conquer: Tiberian sun. **Gamasutra - The Art & Business of Making Games**, abril 2000. Disponível em: <http://www.gamasutra.com/features/20000404/tiberiansun_01.htm>.

TSUI, F.; KARAM, O. **Essentials of software engineering**. 6. ed. ed. São Paulo: Jones and Barlett Publishers, 2007.

UPTON, B. Postmortem: Rainbow six. **Gamasutra - The Art & Business of Making Games**, janeiro 2000. Disponível em: <http://www.gamasutra.com/features/200000121/upton_01.htm>.

VANDENBERGHE, J. Postmortem: The x-files. **Gamasutra - The Art & Business of Making Games**, dezembro 1999. Disponível em: <http://www.gamasutra.com/features/19991203/xfiles_postmortem_01.htm>.

VILLALóN, J.-A. calvo M.; CUEVAS-AUGUSTíN, T. S. F.-G. G. Lessons learned in software process improvement. **Upgrade - The European Journal for the Informatics Professional**, IV, Agosto 2003.

WAKE, W. C. **Extreme Programming Explored**. 1ª. ed. Estados Unidos: Addison-Wesley Professional, 2001.

WELLINGTON, C. A. **Refactoring to Agility**. Shippensburg: Addison Wesley Professional, 2006.

WIKIPEDIA. **Agile software development**. Outubro 2007. Wikipedia, The Free Encyclopedia. Disponível em: <http://en.wikipedia.org/wiki/Agile_software_development>.

WIKIPEDIA. Crunch time (expression). **Wikipedia, The Free Encyclopedia**, julho 2007. Disponível em: <http://en.wikipedia.org/wiki/Crunch_time_(expression)>.

WIKIPEDIA. Death march. **Wikipedia, The Free Encyclopedia**, maio 2007. Disponível em: <http://en.wikipedia.org/w/index.php?title=Death_march&oldid=133443846>.

WIKIPEDIA. Death march (software development). **Wikipedia, The Free Encyclopedia**, maio 2007. Disponível em: <http://en.wikipedia.org/w/index.php?title=Death_march_%28software_development%29&oldid=122397215>.

WIKIPEDIA. Hangman (game). **Wikipedia, The Free Encyclopedia**, novembro 2008. Disponível em: <http://en.wikipedia.org/wiki/Crunch_time_(expression)>.

WIKIPEDIA. Lean software development. **Wikipedia, The Free Encyclopedia**, novembro 2008. Disponível em: <http://en.wikipedia.org/wiki/Crunch_time_(expression)>.

WIKIPEDIA. Problem-based learning. **Wikipedia, The Free Encyclopedia**, novembro 2008. Disponível em: <http://en.wikipedia.org/wiki/Crunch_time_(expression)>.

XU, S.; RAJLICH, V. Empirical validation of test-driven pair programming in game development. **Computer and Information Science, 5th IEEE/ACIS International Conference on**, IEEE Computer Society, Los Alamitos, CA, USA, v. 0, p. 500–505, 2006.

YOURDON, E. **Death March**. 2ª. ed. Estados Unidos: Prentice Hall PTR, 2003.

APÊNDICE A – Proposta do Laboratório de Jogos Digitais

A.1   Motivação

A indústria de jogos eletrônicos é, atualmente, uma das mais poderosas do setor de entretenimento, com faturamento de bilhões de dólares e gerando trilhões de horas de divertimento. Grandes projetos de jogos contam com equipes multidisciplinares de indivíduos altamente especializados, contendo, simultaneamente, desenvolvedores de software, *designers*, músicos, roteiristas e muitos outros profissionais. Assim sendo, a carreira de desenvolvedor de jogos é uma das mais dinâmicas, criativas, desafiadoras e potencialmente lucrativas que alguém pode escolher. Esse cenário leva a crer que essa pujança e lucratividade não são obra do acaso.

A UDF, com a criação do curso Tecnológico de Jogos Digitais, abriu um novo espectro de oportunidades aos estudantes de Brasília: trabalhar implementando jogos digitais. Contudo, a criação de jogos eletrônicos é uma atividade incrivelmente complexa e uma tarefa muito mais dura do que se pode imaginar inicialmente. Criar um jogo é uma experiência muito diferente do que era no passado e, certamente, muito mais difícil, tendo explodido em complexidade nos últimos anos.

Para que os estudantes do curso de jogos digitais tornem-se profissionais capazes de enfrentar esses desafios, é imperiosa a necessidade de experimentação e a disponibilização de um ambiente propício à consolidação prática dos conceitos teóricos ministrados. Nesse contexto, a melhor estratégia para a criação desse ambiente é a implementação do Laboratório de Jogos Digitais da UDF. Outro aspecto interessante é a avidez com que os estudantes estão de colocar em prática seus conhecimentos, mesmo que ainda limitados, dispostos a aprender fazendo.

A.2   Proposta

Criar o Laboratório de Jogos Digitais visa prover aos estudantes da UDF um espaço para a criação de projetos de pesquisa científica na área de jogos, bem como a produção de projetos reais, possibilitando a experimentação e consolidação das técnicas apresentadas no curso, estimulando o empreendedorismo e a formação do espírito de equipe ao resolver problemas complexos. A partir dos projetos bem-sucedidos, é possível o fomento à criação de empresas desenvolvedoras de jogos, em uma incubadora empresarial hospedada na Universidade.

A.3   Infra-estrutura

A implantação do Laboratório pode ser iniciada com a disponibilização de uma sala com microcomputadores simples, conectados em rede e com espaço para trabalho em equipe, com mesa para reuniões e quadro branco grande. Em uma fase de consolidação, os equipamentos podem ser modernizados para desktops próprios para construção e execução de jogos sofisticados, com monitores de, pelo menos, 17", contando com placas gráficas modernas e de vários fabricantes, além de *scanners* e mesas digitalizadoras.

Finalmente, o Laboratório pode ser incrementado com *consoles* dos principais fabricantes de *videogames*, até mesmo através de convênios com a Microsoft, Sony, EA, dentre outros *players* do mercado de jogos. Além disso, é possível a criação de projetos de desenvolvimento tecnológico, com financiamento da FINEP.

APÊNDICE B – Questionário aplicado no estudo de caso

Pesquisa sobre o laboratório de jogos digitais
Answers marked with a * are required.

Identificação do Participante

Por favor, preencha os dados para que possamos conhecê-lo melhor.

1. Nome *

2. Telefone *

3. Idade *

○ Menos de 18 anos
○ De 18 a 24 anos
○ De 25 a 30 anos
○ De 30 a 40 anos
○ Acima de 40 anos

4. Sexo *

○ Masculino   ○ Feminino

5. Nível de Escolaridade *

○ Ensino Médio
○ Superior
○ Especialização
○ Mestrado
○ Doutorado

6. Qual a sua experiência profissional em desenvolvimento de software? *

○ Não tenho experiência
○ Menos de 1 ano
○ De 1 a 2 anos
○ De 2 a 3 anos
○ Acima de 4 anos

7. Você tem experiência profissional em desenvolvimento de jogos? *

- ○ Nenhuma experiência profissional
- ○ Menos de 1 ano
- ○ De 1 a 2 anos
- ○ De 2 a 3 anos
- ○ Acima de 3 anos

8. Caso você já tenha trabalhado no desenvolvimento de jogos, em que papel você mais atuou? *

- ○ Nunca trabalhei com jogos profissionalmente
- ○ Roteirista
- ○ Programador
- ○ Artista Gráfico
- ○ Músico (efeitos sonoros)
- ○ Testador
- ○ Outras funções

9. Qual é o seu conhecimento em linguagens de programação? *

	Nunca ouvi falar	Básico	Intermediário	Avançado	Especialista
C/C++	○	○	○	○	○
Java	○	○	○	○	○
PHP	○	○	○	○	○
Lua	○	○	○	○	○
Delphi	○	○	○	○	○
Python	○	○	○	○	○
Dominus	○	○	○	○	○

10. Qual o seu conhecimento em engenharia de software? *

	Nunca ouvi falar	Básico	Intermediário	Avançado	Especialista
Análise de Requisitos	○	○	○	○	○
UML	○	○	○	○	○
Modelagem Hatley-Pirbhai	○	○	○	○	○
RUP	○	○	○	○	○
Processos Prescritivos	○	○	○	○	○
eXTreme Programming	○	○	○	○	○
Scrum	○	○	○	○	○
Modelagem Espectral	○	○	○	○	○
Orientação a Objetos	○	○	○	○	○
Arquitetura de Software	○	○	○	○	○
Teste de Software	○	○	○	○	○

11. No laboratório, em que grupo você foi alocado? *

○ Processo Tradicional
○ Processo Ágil

Próximo

10. Qual o seu conhecimento em engenharia de software? *

	Nunca ouvi falar	Básico	Intermediário	Avançado	Especialista
Análise de Requisitos	○	○	○	○	○
UML	○	○	○	○	○
Modelagem Hatley-Pirbhai	○	○	○	○	○
RUP	○	○	○	○	○
Processos Prescritivos	○	○	○	○	○
eXTreme Programming	○	○	○	○	○
Scrum	○	○	○	○	○
Modelagem Espectral	○	○	○	○	○
Orientação a Objetos	○	○	○	○	○
Arquitetura de Software	○	○	○	○	○
Teste de Software	○	○	○	○	○

11. No laboratório, em que grupo você foi alocado? *

○ Processo Tradicional
○ Processo Ágil

Próximo

Questões sobre a utilização do processo tradicional

Por favor, responda as questões sobre a utilização do processo tradicional ao longo do trabalho no laboratório.

1. Infelizmente sua equipe não conseguiu completar o projeto, chegando a um produto de software. Por isso, quais foram os problemas que levaram ao seu abandono? *

	Concordo totalmente	Corcordo parcialmente	Indeciso	Discordo parcialmente	Discordo totalmente
Esboco irreal ou ambicioso	○	○	○	○	○
Problemas de modelagem	○	○	○	○	○
Problemas tecnológicos	○	○	○	○	○
Falta de tempo para o projeto	○	○	○	○	○
Falta de experiência em projeto de jogos	○	○	○	○	○
Falta de conhecimento em engenharia de software	○	○	○	○	○
Falta de documentação	○	○	○	○	○
Problemas de comunicação	○	○	○	○	○
Problemas com ferramentas	○	○	○	○	○
Problemas na montagem da equipe	○	○	○	○	○
Perda de membros da equipe	○	○	○	○	○

2. Você utilizaria o processo tradicional em um novo projeto de jogo? *

○ Sim, sem restrições
○ Sim, com restrições
○ Não

Voltar   Próximo

Questões sobre a utilização do processo ágil

Por favor, responda as questões sobre a utilização de práticas ágeis ao longo do trabalho no laboratório.

1. Quais foram os problemas encontrados durante o trabalho? *

	Concordo totalmente	Corcordo parcialmente	Indeciso	Discordo parcialmente	Discordo totalmente
Esboco irreal ou ambicioso	○	○	○	○	○
Falta de conhecimento em engenharia de software	○	○	○	○	○
Problemas na montagem da equipe	○	○	○	○	○
Problemas tecnológicos	○	○	○	○	○
Problemas na fase de teste	○	○	○	○	○
Grande número de defeitos	○	○	○	○	○
Falta de experiência em projeto de jogos	○	○	○	○	○
Falta de tempo para o projeto	○	○	○	○	○
Problemas com ferramentas	○	○	○	○	○
Funcionalidades acrescidas tardiamente	○	○	○	○	○
Problemas de comunicação	○	○	○	○	○
Falta de documentação	○	○	○	○	○
Perda de membros da equipe	○	○	○	○	○
Problemas de modelagem	○	○	○	○	○
Problemas tecnológicos	○	○	○	○	○

2. Durante o laboratório foram propostas diversas atividades. Por favor, classifique a atividade quando a sua utilidade no processo de desenvolvimento de jogos. *

	Essencial	De grande utilidade	Útil	De alguma utilidade	Inútil
Elaborar o conceito do jogo	○	○	○	○	○
Determinar atores e estórias	○	○	○	○	○
Elaborar estórias de usuário	○	○	○	○	○
Planejar iterações	○	○	○	○	○
Definir e estimar as tarefas	○	○	○	○	○
Reunião de retrospectiva	○	○	○	○	○

3. Durante o trabalho várias práticas ágeis foram utilizadas. Por favor, segundo a sua experiência, classifique a atividade quando a sua utilidade no processo de desenvolvimento de jogos. *

	Essencial	De grande utilidade	Útil	De alguma utilidade	Inútil
Desenvolvimento Enxuto	○	○	○	○	○
Modelagem Ágil	○	○	○	○	○
Projeto Simples	○	○	○	○	○
Gerência de Projetos Scrum	○	○	○	○	○
Cliente Presente	○	○	○	○	○
Integração Contínua	○	○	○	○	○
Reunião em Pé	○	○	○	○	○
Ritmo Sustentável	○	○	○	○	○
Posse Coletiva	○	○	○	○	○
Programação em Pares	○	○	○	○	○
Desenvolvimento Guiado por Teste	○	○	○	○	○
Refatoração	○	○	○	○	○
Padrões de Codificação	○	○	○	○	○
Metáfora	○	○	○	○	○

4. Você utilizaria novamente as práticas ágeins em um novo projeto de jogo? *

○ Sim, sem restrições
○ Sim, com restrições
○ Não

> Voltar   Próximo

Comentários sobre o laboratório

Por favor, comente livremente sobre como foi o trabalho realizado no laboratório, avaliando as práticas apresentadas durante o projeto. Comente os problemas e as dificuldades encontradas ao longo do processo. Descreva também os pontos positivos e avalie os resultados obtidos. Sugestões e críticas são bem-vindas.

1. Escreva aqui os comentários

> Voltar   Salvar

www.ingramcontent.com/pod-product-compliance
Lightning Source LLC
Chambersburg PA
CBHW041417050326
40689CB00002B/545